株で勝つ
ためのルール
77

個人投資家入門

77 RULES FOR STOCK INVESTING

投資家

株入門

by エナフン

奥山月仁

投資ブログ「エナフンさんの梨の木」筆者
会社員投資家

日経BP

はじめに

■「資本家」の側に入って勝負する

　今の日本は資本主義社会である。貴族社会や武家社会では、農民の富が貴族や武士に吸い上げられていた。資本主義社会では、資本家が事業に資金を投資することで経済が発展し、企業で働く人々の稼いだ富が、最終的には株主である資本家に流れる仕組みになっている。それが良いか悪いかという議論はさておき、それが現実である。

　幸い、今の日本は自由主義でもある。資本主義を支える仕組みとして株式市場も整備されている。株主になりたければ、数万〜数十万円の資金を用意するだけで誰でも資本家の側に入れる。

　もちろん、貴族や武士がお互いに勢力を争っていたのと同様に、株主は株主で厳しい戦いを勝ち残る必要はあるが、いくつかのポイントを押さえて、アマチュアの個人投資家ならではの投資戦略を構築できれば、プロ相手にも十分に戦える。

■ ビジネスパーソンの強みを株に生かす

　私は会社員を続けながら株式投資をしている。会社員なので、日中にパソコン画面に張り付いて株価の変動をチェックし続けることはできない。短期的な株価の変動は無視して長期保有し、企業の成長や業績回復に伴う長期的な株価の上昇を狙うことに徹している。

　「会社を辞めて株式投資に専念したほうがもっと儲かるのでは」と思う読者もいるかもしれない。私は必ずしもそうとは思わない。ある業界のプロとして、ビジネスに精通しながら株式投資をするほうが何かと有利な面があるからだ。

　まず、ビジネスの第一線で生の情報と接し続けられる点は有利に働く。株というと、「何か遠い世界の企業の株を買わないとダメ」と思

い込んでいる人がいるが、そんなことはない。身近な企業の株ほど、兼業の個人投資家には有利という面がある。大儲けのネタはそこら中に転がっている。ただ、それに気付いていないだけなのだ。

　また、今どきのビジネスパーソンなら、嫌でも会計やビジネスの勉強をしないといけないが、この点もそのまま株式投資に生かせる。本書で紹介するバリューエンジニアリング投資法は、私が勤務先で、あるミッションの責任者を命じられた時に知ったバリューエンジニアリングという経営学の考え方を応用したものである。普段の仕事で何気なく使っている情報を応用して、ビジネスパーソンならではの投資スタイルを確立することができるのである。

■ 個別の成長株に長期投資する

　私が初めて株式投資をしたのは高校生の時だ。ある日、父親がこんなことを言った。「おまえが生まれてから今日まで、折々に親戚から頂いたお祝い金が30万円ほどある。大学生になる前に、おまえに渡そうと考えていた。一方で、私が以前投資していた株の端株（はかぶ）が30万円分ほどある。おまえが望むなら、そっちをやってもよい。どちらでも好きなほうを選んでくれ」。端株とは、株数が最低売買単位に達していない株を指す。例えば100株単位で売買されている銘柄の株を30株だけ持っているようなケースである。増資か何かでたまたま持っていたのだろう。

　私は後者を選択した。銘柄は山一証券。1997年に自主廃業に追い込まれたあの山一だ。もっとも、私がその株を手にした1980年代後半は、バブル経済が始まろうかというタイミングでもあったため、証券株は総じてよく値上がりした。父親から譲り受けた時に1000円ほどだった山一の株価も、あれよあれよと2年ほどの間に3倍の3000円に。高校生の私にとっては人生観が変わる出来事だった。

　この体験がきっかけで私は経済学部を志望し、大学では証券理論の

ゼミに入った。そのゼミの教授だったのが、故・蝋山昌一先生だ。当時は、今では周知のものとなっている先物市場や新興市場、REIT（不動産投資信託）といった金融の新しい仕組み作りを検討されていた。勉強嫌いだった私は毎日ギャンブルばかりやってろくに大学の授業に出席しなかったが、ゼミの勉強だけは楽しく、欠かさず出て、そこで金融理論を一から学んだ。だから、大学を卒業したら金融業界で働こうと思っていた。ところが卒業前にバブルが崩壊。金融業界の先行きはあまりに暗く感じられ、一般企業に就職する道を選び、株は趣味程度に続けることになった。

　勝ったり負けたりが続き、資産は一向に増えなかった。短期トレードやチャート分析も一通り勉強したが、私には合わなかった。悩んでいたところ、ある本に出合った。米国の伝説的ファンドマネジャー、ピーター・リンチが、アマチュアの個人投資家向けに自身の投資法を解説した本『ピーター・リンチの株で勝つ』（ダイヤモンド社）だ。サブタイトルに「アマの知恵でプロを出し抜け」とある。

　リンチは、米資産運用大手フィデリティの旗艦ファンド（投資信託）を1977年から13年間運用し、1年当たり平均29％のリターン（運用益）を上げて、ファンドの純資産総額を700倍に増やした。

　彼の本を読んでみると、「今の日本市場を説明しているのではないか」と錯覚するほど普遍的で本質的なことが書かれていた。この本が米国で最初に出版されたのは1989年。内容はすべてそれ以前の米国の話であるにもかかわらずだ。

　私がリンチの本を読んだ当時は、短期トレードが大流行りだった。一方、長期投資といえば、インデックスファンドやETFなどに広く薄く投資する長期分散投資が主流だった。株の雑誌や本を読んでも、個別の成長株に長期投資する方法を丁寧に説明してくれる解説書は皆無だった。

　私はリンチの本を何度も何度も読み返して、そこに書かれたリンチ

の投資法を咀嚼し、日本の個別株に応用して売買することにした。
　「この投資法が現在の日本でも通用するものか、一度、試してみよう。そしてその内容をブログで公開し、みんなに知ってもらうんだ」
　そんな思いで2008年5月にはブログ「エナフンさんの梨の木」を開設した。同年7月には、株式で運用している財産の中から100万円だけブログ用に取り出して専用の証券口座を開設し、その投資成績を公表しながら進めるというガチ勝負で行くことにした。それから14年。その口座の残高は2022年末現在2379万円と23倍を超えている。

図表1　14年間の投資成績					
	エナフン		日経平均		主な出来事
2008年7月	1,000,000	-	13,481	-	
2008年末	786,209	-21.4%	8,860	-34.3%	リーマンショック、日経平均バブル後最安値（7162.9円）
2009年末	1,317,336	67.6%	10,546	19.0%	欧州金融危機、民主党政権誕生
2010年末	1,913,337	45.2%	10,229	-3.0%	尖閣事件・中国反日デモ拡大
2011年末	1,691,089	-11.6%	8,455	-17.3%	東日本大震災、円最高値（1ドル75.55円）
2012年末	3,369,140	99.2%	10,395	22.9%	第2次安倍政権発足
2013年末	5,371,056	59.4%	16,291	56.7%	アベノミクススタート
2014年末	7,578,241	41.1%	17,451	7.1%	消費税8%にアップ
2015年末	8,605,484	13.6%	19,034	9.1%	イスラム国テロ拡大、シリア難民急増
2016年末	10,903,530	26.7%	19,114	0.4%	トランプ政権誕生、英EU離脱決定
2017年末	12,591,900	15.5%	22,765	19.1%	北朝鮮核開発加速、米朝軍事緊張高まる
2018年末	13,153,573	4.5%	20,015	-12.1%	米中貿易摩擦激化
2019年末	14,926,998	13.5%	23,657	18.2%	令和に改元、ラグビーW杯日本開催
2020年末	21,076,971	41.2%	27,444	16.0%	新型コロナウイルス感染拡大
2021年末	23.403,544	11.0%	28,792	4,9%	東京オリンピック開催
2022年末	23,790,646	1.6%	26.094	-9.4%	ロシアのウクライナ侵攻

■ 正しい知識を得て研錯し「億り人」に

　私は、蝋山先生のゼミで、証券市場を整備することが日本経済を発展させるために非常に重要なこと、人々が企業に対して正しい評価をすることで、初めて市場が機能すること、そのためには多くの人が基本的な投資の知識を得る必要があることなど、大切なことをたくさん教えてもらった。だから私は「投資の正しい知識を広めたい」という思いで、投資ブログを立ち上げた。

　その私が株で負けっぱなしでは説得力がない。そこで、ブログ開設後はそれまで以上に真剣に投資に打ち込んだ。結局、そのご褒美が何億円にもなって返ってきた。

　不思議なのは、株式投資の扉は誰にも開かれているにもかかわらず、ほとんどの人が近づこうともしないことだ。いろいろと原因はあると思うが、1つ言えるのは、英語やスポーツなどと違って、株式投資を体系的に学習できる仕組みが日本にはほとんどないことだ。専門用語を一通り覚えたら、あとは独学と度胸で何とかやっていくしかない。うまく経験を積んで、自分なりの投資スタイルを構築できる人は少なく、初心者の方の多くは何かをつかむ前に損を繰り返して脱落してしまう。

■ リスクとリターンをてんびんに掛ける中上級者を目指せ

　本書は、私が過去に出版した3冊の入門書のエッセンスを集約し、初心者レベルを突破するための道筋を整理し、大事なポイントを列挙したものだ。

　最初に書いた『エナフン流株式投資術』は、ピーター・リンチ流の投資を私なりに解釈し直して、アマチュアでも勝てる投資法を網羅的にまとめた初心者のための入門書だった。

　次に書いた『エナフン流VE投資法』は、成長株を割安に買うため

のノウハウを具体的・体系的にまとめたものであり、前述したバリューエンジニアリング投資法について解説した。

　3冊目の『エナフン流バイ＆ホールド』は、SNSやネットニュースが広く普及し、様々な投資情報を誰でも瞬時に大量に入手できる時代になったことで、かえって、多くの個人投資家は大混乱することになってしまったことを踏まえ、氾濫する情報への対処法を提示しながら、割安な成長株に投資して大きなリターンを得るバイ＆ホールドの手法を解説した。

　この3冊の内容を集大成した本書を読んでいただければ、思い付きや様々な情報に振り回される初心者の域を脱して、「自分が何をしているのか」を的確に理解した上でリスクとリターンをてんびんに掛ける中上級者の投資家を目指せるようになると自負している。

　株式投資を始めたものの、なかなかうまくいっていない方、あるいはこれから株式投資を始めようと考えている方、さらに株式投資でそれなりにうまくやっているけれども、一度考えをまとめておきたい方など、多くの方に本書を手に取っていただければ幸いである。

本文中の（➡ 24）（➡ Lesson3）などの記載は、
関連する項目を示しています。

Lesson *1*

心構え
株で勝つための基本的態度

個人投資家の「2つの弱み」を解決する

　個人投資家には大きく2種類の弱みがある。1つは自分の努力で克服可能な弱み。もう1つは克服しようのない弱みだ。例えば、「会計などの知識がない」という弱みは前者に、「会社勤めをしているので、日中に株価変動をチェックすることができない」という弱みは後者に当たる。

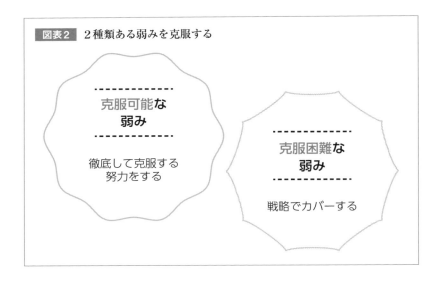

図表2　2種類ある弱みを克服する

克服可能な
弱み

徹底して克服する
努力をする

克服困難な
弱み

戦略でカバーする

　個人投資家が株で勝つためには、この2つの弱みを解決することが必要である。どちらも解決することは難しいと思われるかもしれないが、実はそうでもない。
　「会社勤めをしているので、日中に株価変動をチェックすることができない」という弱みを解決するには、日中に株価変動をチェックす

る必要がない投資スタイルをマスターすればよい。その投資スタイルとは、日々の株価変動を気にしない長期投資である。一度買ったら持ったままの「バイ＆ホールド」と呼ばれる投資スタイルだ。

　株価は長期的には企業の業績と連動し、利益の成長が株価の上昇をもたらす。そのリターンを狙うバイ＆ホールドは株式投資の王道とも言えるスタイルである（➡24）。

2　まずは少額で株を買ってから、運転免許を取るくらいの学習をする

　「知識がない」という弱みの解決策は知識をつけること、つまり勉強と実践あるのみである。では、効果的に勉強するには、どうすればよいか。

　初心者の方から「株を始めるにあたってまず何をすべきか？」と聞かれると、私は必ず「口座を作って株を買え」とアドバイスすることにしている。まずは始めてみて、並行して株の勉強をする。それが、最も効率的なやり方と考えているからである。

　リアルに市場と向き合う体験がないと、本や雑誌でどれだけ勉強しても頭には入らない。最初は下手で構わない。極端な人気株に飛び付いたり、信用取引で思いっきりレバレッジをかけたりといった極端な戦術を採用しない限り、大きく負けることは少ない。あくまで練習という前提で投資額を小さめにするとよいだろう。

　株式投資を始めるにあたって特に気になるのは会計の知識だと思われる。株式投資に関するブログを書いていると、「株式投資を始めたいが、会計の勉強はどうすればよいか？」「株を始める前に簿記2級くらいは取ったほうがよいのか？」といった会計の学習法に関する質問を頂くことがある。その際も、私は決まって次のように答えること

にしている。

　「まずは少額でよいので実際に株を買ってみて、その会社を生の教材として財務分析や会計処理の勉強をするのがよいだろう」

　財務・会計の知識や用語は決して難解なものではないのだが、初めて勉強する人には頭に入りにくい。そこで実際に株を買ってそれを生の教材として扱うとよい。カネがかかっているので、勉強の真剣さが増す。

　銘柄は自分の趣味や本業に関係する中で面白そうなものを複数買うとよい。もともと関心があって事業の内容や調子などが分かるので、案外儲かる。

　投資する金額を少額に抑えておけば、大損して致命傷を負うこともない。趣味や本業の知識の補完にもつながり、楽しく勉強を進めることができるだろう。

　勉強は修業のようになっては続かない。楽しく続けられる工夫が大切である。

　株式投資で成功するためには、運転免許を取るくらいの体系的な学習と実践は必要だと思う。また、運転免許を取っても、普段、運転をしていないと、そのうちハンドルを握れなくなってしまうのと同様、継続して株式投資の研鑽に時間をかける必要もある。

3　「怖がり過ぎ」を克服し、アクセルの踏み方を習得する

　会計の知識不足と同様に初心者にありがちな弱みが「株を怖がり過ぎる」ことだ。1991年頃に始まったバブルの崩壊で、「株は怖いもの」という考えが多くの日本人に広がった。「（おじいちゃんが大損したので）株式投資だけはするな」と子供の頃から親に言われ続けてきた知

人もいる。

実は30年以上株式投資を続けてきた私も、「株は怖い」と常に思っている。だから、その教えはあながち間違いとは言えない。株式投資において恐怖心はリスクを取り過ぎないためのブレーキの役割を果たすので、完全に取り払う必要もない。

だが、ブレーキを踏みっぱなしでは前に進まない。要はバランスの問題だ。まずは損しても「勉強代」と思える程度の少額で株を買ってみて株価の変動に慣れることが、「怖がり過ぎ」という弱みを克服する第一歩になる。

株価の変動に慣れてきたら、次に習得しなければならないのはアクセルの踏み方だ。自動車の運転でも、ブレーキから足を離すことを怖がっている段階で大きな事故を起こすことはない。しかし、アクセルの踏み方を覚えると大事故につながるリスクも高まる。株式投資も同じである。「自分は素人」という認識を持って少額で株の勉強をしているうちは取り返しのつかない大損はしない。

ところが、しばらく投資を続けて思いのほかうまく回り出すと、「少額でやっていてもらちが明かない。財産を大きく増やすにはどこかで勝負に出なければならない」と考えて、大きくアクセルを踏み込んでしまう。

この段階こそが、株式投資において最も危険な期間だ。「早く大金を手にしたい」という欲望が、「リスクを取り過ぎてしまう」という新たな心の弱みを生み出すからである。

もっとも、「これだ」と確信できる銘柄に資金を大きく突っ込むことで、人生が変わるほどの成功を手にした人がいるのも、また事実だ（➡74）。メディアに取り上げられるカリスマ投資家たちもほぼ全員、その人を代表する勝負銘柄がいくつかあり、数少ないチャンスをモノにしてきている。つまりは、アクセルの踏み方においてもバランスの取り方が重要なのだ。

「株式投資はほぼギャンブル」と 思っておく

　時々、ネット上で、「株式投資はギャンブルか？」という議論が巻き起こる。

　株はゼロサムゲームではない。つまり、閉じた世界でカネの分捕り合戦をやっているわけではないので、ギャンブルとは言えない。

　そんな主張もあるが、私は、株式投資はほぼギャンブルだと思う。「ほぼカニ」という商品名のカニ蒲鉾が本物のカニではないのと同様、ほぼギャンブルも本物のギャンブルではない。しかし、ギャンブルと同じ性質をいくつも持っている。

　政府や金融機関は株式投資にダークなイメージを持たせたくないため、そのような表現は使わないだろうが、本気で投資に取り組むのであれば、ギャンブル的要素に目を背けるべきではない。

　ただし、私はギャンブル＝ダークな存在とも考えていない。日本のギャンブルの代表格である麻雀や競馬は汚いものかといわれると、別に麻雀や競馬そのものは汚いものではない。将棋や陸上競技と同様、ゲームやスポーツの類である。

　ではなぜ多くの国民がそれを汚く感じるのか？　それは、そこにのめり込み、あり得ないほどのカネをつぎ込んで、人生を台無しにする人が後を絶たないためだ。

　この点に関しては株式投資も同じである。株式市場自体は資本主義システムの心臓部であり、重要な機能を担っている。あなたが余裕資金で株式投資をすることを誰も否定できない。しかし、様々なリスクを理解することなく、そこにのめり込み、過大な勝負をしてしまうために、家族まで不幸にしてしまう人が後を絶たない。

　株式投資はほぼギャンブルである。ギャンブルでは、「どこに賭け

るか」と同等かそれ以上に「いくら賭けるか」が重要な要素となる。

5 アバウトさを許容する

　私はもう30年以上、株式投資をしてきたが、厳密で唯一の正解を求めるような姿勢は根本的に間違っていると断言できる。株価の動きは、所詮は人々の想像の結果なのである。予想する場合は、かなり幅を持たせて判断するほうが現実的であり、正解だ。

　この世の秩序という秩序は、ほとんどすべてアバウトさを許容している。法律、政治、教育、スポーツなど、客観的秩序があるように見えるものであっても、厳密にはかなりの幅の中間領域が存在する。

　例えば、スピード違反を例にとろう。あなたは制限時速40kmの見通しの良い直線道路を運転している。ふと見ると、草陰にスピード違反をチェックする警察官が隠れていた。慌ててスピードメーターを確認すると時速は46kmを指している。一瞬ヒヤッとしたが何事も起こらず、警官は見逃してくれた。あなたは制限基準を15%もオーバーしているのに、どうやら、誤差の範囲、許容範囲として見逃してくれたのだ。

　では、あなたの速度が時速50kmだったらどうだろう？　ギリギリセーフか、警官の気分次第では違反切符を切られることになるだろう。

　そもそも、こんな見晴らしの良い直線道路の制限速度が40kmに設定された基準も曖昧なら、取り締まる基準もかなり幅を持っている。秩序というものの基準はこのように曖昧なものなのだ。

　世界的なベストセラー『サピエンス全史』（ユヴァル・ノア・ハラリ著、河出書房新社）は、「人々の生活を支配する『秩序』は実は想像上の存在に過ぎない。ただ、それは1人だけが想像しても成立しな

い。『膨大な数の人』が同じ想像を共有し、しかも、それを正しいと信じて疑わなくなった時、本質的な存在となって、秩序が形成される」といった説明をしている。株式市場の秩序にも同じことが言えるのである。

6 ネット情報に惑わされず、自分自身で考える

　「ろくに確認もしないで株を買って、かなりの大損をする」という個人投資家にありがちな失敗をよく耳にする。たまたまSNS（交流サイト）やインターネットの掲示板でいかにも有望そうな情報を目にし、大喜びで株を買った。ところが、直後に株価が急落して大きな損を被った。こんな苦い経験を持つ方は、読者の中にも多いのではないだろうか。

　SNSやネットニュースが広く普及し、様々な投資情報を誰でも瞬時に大量に入手できる時代になったことで、かえって、多くの個人投資家は大混乱することになってしまった。良さげに見える投資情報が、何ら整理されることなく、大量に一方的に押し寄せてくるため、何が正しく何が問題なのかもよく分からないまま、情報の渦に溺れてしまう投資家が後を絶たないのである。

　まず肝に銘じておくべきは、情報が拡散する初期の段階で株を買って、拡散の終盤で売り抜けようという投資戦略自体が、駆け出しの個人投資家にとって非常に危険であることだ。「どういう理由で貴重な投資情報が流れてきたのか？」。この点をしっかりと考えなければならない。

　株で儲ける方法は、「安く買って高く売る」と至ってシンプルである。ただしそれを実現するためには、安く売ってくれる人から買っ

て、高く買ってくれる人に売ることが必要になる。だが、わざわざ高値で買ってくれる投資家はどこにいるのか。SNSや掲示板に書き込まれた情報に何らかの意図があるとすれば、恐らくそうした投資家をつくり出すことにある。つまり、その情報を基に株を買えば、あなたが高値づかみの投資家になるというわけだ。少なくともそうした可能性があることを十分に理解した上で、ネットの情報と接するようにしたい（➡62）。

　SNSや掲示板の情報をもとに株を買うというのは、たとえて言うと、テストの問題が解けないからといって、隣に座っている生徒の答案を盗み見して、解答を書く行為に似ている。狙い通り、その生徒が優秀で正しい回答を書いているなら、あなたも正解を手にすることができるが、その子が間違っていたら、あなたも間違う。それで落第したからといって、「畜生!!　かわいい顔して適当なことを書きやがって！」とその子に怒りをぶつけるのは全くもって筋違いだ。カンニング力を高め、より優秀な生徒の回答をより素早く写す能力を鍛えても、あなたの実力は全く上がらない。

　カンニング力を高める努力はやめて、自ら有望株を探し出す力をつけなければならない。株の本を何冊も読み、会計や財務分析が弱いならそちらの勉強をし、事業構造の分析が弱いなら、ビジネスモデルの関連書籍を読むなど、本物の投資力を高めるのである。

　もっとも、株式投資以外の仕事や趣味に関係するところで思わぬ情報を目にした場合は話が別である（➡Lesson3）。情報の提供者は、親切心だけで貴重な情報をもたらしてくれている可能性がある。ただし、この場合も情報をうのみにせず、徹底してウラを取る癖を持とう（➡Lesson4）。むろん、法令で禁止されているインサイダー情報に該当するような情報を得た時は、たとえ有望でも投資してはいけない。

軍資金をつくる

貯金生活から投資生活へ

7 余裕資金の1〜2割を 株式投資に回す

　株式投資には元手が必要となる。別に全財産を突っ込む必要はない。大半はこれまで通り、預金や保険などで運用し、まずは1〜2割程度をお金持ちになるための戦略的な運用資金として株式に投入するのである。

　資金的余裕がない場合は、残念ながら大きく勝負に出ることはできない。お金持ちになるためには、「自分がお金持ちになる」ための予算枠を設けることが必要だ。つまり種銭づくりである。とにかくお金を貯めないと何も始まらない。

　私も、株式投資の種銭をつくろうと、結婚した直後から妻と一緒にドケチ生活を始めた。ギャンブルばかりやって預金がほとんどなかった私は、結婚を機に貯蓄に励むことにした。妻からは「まずは1000万円を貯めよう」と持ちかけられた。

　すると自分でも驚いたことに、3年ちょっとで2000万円を貯めることができた。女性誌に書かれてあった「年収300万円でも100万円貯まる方法」を、妻と2人分の年収の合計が800万円ほどだった自分たちが実践すると、毎年600万円を貯蓄できたのである。「年収300万円でも100万円貯まる方法を年収800万円の人がやれば600万円貯まる法則」だ。

　ちなみにこの話を読まれても、「浪費癖のある連れ合いの反対に遭うからドケチ生活は私には無理」という方もいるかもしれない。そういう人は、天引きがお勧めだ。例えば給与から天引きで3万円ずつ残せば、3年ほどで100万円は貯められる。まずは貯蓄で種銭をつくるという意識を持つことだ。

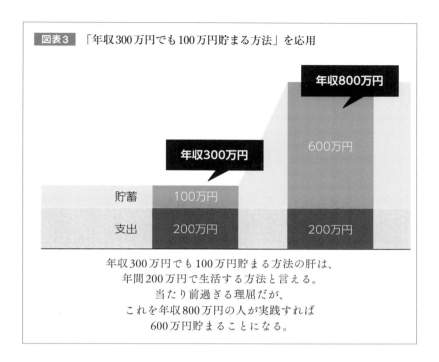

図表3 「年収300万円でも100万円貯まる方法」を応用

年収800万円

600万円

年収300万円

貯蓄 100万円

支出 200万円 200万円

年収300万円でも100万円貯まる方法の肝は、
年間200万円で生活する方法と言える。
当たり前過ぎる理屈だが、
これを年収800万円の人が実践すれば
600万円貯まることになる。

8 ドケチ生活で資金を貯める

　貯蓄は収入から支出を差し引いたもの。数式で表すと、「収入－支出＝貯蓄」になる。貯蓄を増やすには収入を増やすか、支出を減らすかの2つの方法しかない。理屈は至ってシンプルだ。もっとも、真面目に会社員を続けるだけでは年収、すなわち収入を増やすことは難しい。そこで私たち夫婦は、支出を抑えることで1000万円の貯蓄を目指すことにした。要はドケチに徹したわけだ。

　「どうすれば支出を抑えることができるのか？」

　こんな声が聞こえてきそうだが、その手段や方法は、ネットや本で

探せばすぐに見つかる。食料品は大きく割引される閉店間際に買う。チラシを比較して1円でも安い店に行く。お1人様1個までの激安商品を買う時は赤ちゃんも連れていく——。実に様々な方法がある。あなたはそれらをただ実践しさえすればよい。それだけで確実にお金は貯まる。必要なのはヤル気だけだ。

　目標を定めて予算を設定し、定期的に進捗を管理する。「その商品の購入は本当に必要か？」「必要であっても、価格は相場と比べて割高ではないか？」「もっと安く購入する方法はないか？」。会社員として自分の仕事を管理するのと同様に、家計を管理すれば、誰でも明日からお金は貯まりだすはずだ。

　目標は1000万円だったが、結局3年余りで2倍の2000万円も貯まった。これには妻ともども驚いた。普段は支出のみを管理し、通帳は数か月に1回程度しか見なかった。見るたびに何百万円も増えている預金残高を見ては感動し、さらなるドケチに励んだのである。

　こう書くと、爪に火をともす生活をしていたかのように思われるかもしれないが、実際はそんなことはない。当時はドケチの取り組みを楽しんでいた。頑張ればその分だけお金が貯まるので、ゲームをしているような感覚で実行できたからである。

　閉店の間際に半値になった食パン、2個で1個分の値段になったミンチ、100円でパック一杯に詰められた魚のアラ。キャベツやもやし、特売品がさらに半値になったものなどを袋いっぱいに買い込んでも、なかなか支払いの合計が1000円を超えない。「とことん切り詰めればここまで食費は抑えられるのか……」。驚きと感動の毎日だった。

　社員食堂で「お茶とご飯とイワシ1品」という粗食ランチを楽しんでいたことがある。同僚や若手社員には笑われたが、もちろん、そんなことは気にしない。ところが、ある古参の先輩社員から「おまえ、メザシの土光さんみたいな奴だな」と褒められた。メザシの土光さんとは、石川島播磨重工業（IHI）や東京芝浦電気（東芝）の社長を歴

任し、徹底した合理化で両社の経営再建を果たして、後に中曽根康弘内閣の下で行政改革を指揮した土光敏夫氏のことである。ずいぶん以前に亡くなられた方なので、私は土光さんのことをよく知らなかったのだが、先輩社員からそう褒められたのを機に、「質素な暮らしはむしろカッコイイ」と考えるようになった。格好いいとか悪いといった判断基準は、人によって異なってよいものだ。自分さえ納得すればそれでよいのである。

「資産1億円」の実現へ、投資を始める

　今振り返ると、結婚直後から子供が生まれるまでの3年ちょっとという期間は、貯蓄をするには最高のタイミングだったと思う。夫婦2人で働いて目いっぱい稼げるし、生活費を除くと、どうしても必要な出費はほとんどない。人生において集中的に貯蓄をしたいなら、結婚直後から子供が低学年の時くらいまでが最善だといえる。

　その後は、教育費もかかり始め、家も買いたくなる。社会的地位が高まってくると、あまりのドケチは気恥ずかしいし、恥ずかしい思いを子供にさせたくないという親心からも、少々は見栄も張る必要が出てくる。

　当時、地方勤務を命じられていた私は、前任者から15年落ちの中古車をタダで譲り受け、喜んでそれに乗っていた。しかし、小学1年生になった娘から「この車、カッコワルイ」と言われて、さすがに考えを改めることにした。購入した新車を前に大喜びしている娘の姿を見て、「もう極端なドケチはやめよう」と決断したのである。

　娘が大きくなるにつれて、徐々にドケチのレベルを下げてきた。結果、今では人並みの生活をしているつもりなのだが、それでもドケチ根性は抜けきらず、貯蓄体質は維持されている。

　ただ自らの経験を踏まえて1つ言えるのは、ドケチだけで資産1億円を実現するのはかなり難しいということだ。やってやれないことは

ないかもしれないが、それでは単にドケチに人生を捧げることになってしまう。

　ある程度貯まったら、そのうちの何割かを投資に回そう。ドケチでは比例的にしか増えていかない資産も、投資なら乗数的に増やすことができる。お金がお金を生み、雪だるま式に資産の増加が加速していくのだ。

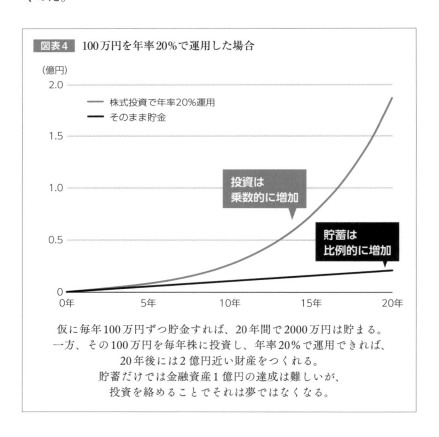

図表4　100万円を年率20％で運用した場合

（億円）

- 株式投資で年率20％運用
- そのまま貯金

投資は
乗数的に増加

貯蓄は
比例的に増加

仮に毎年100万円ずつ貯金すれば、20年間で2000万円は貯まる。
一方、その100万円を毎年株に投資し、年率20％で運用できれば、
20年後には2億円近い財産をつくれる。
貯蓄だけでは金融資産1億円の達成は難しいが、
投資を絡めることでそれは夢ではなくなる。

ドケチで貯めたお金を投資でさらに何倍にも増やすことができた時にドケチの努力は完全に報われる。もう、少々のぜいたくをしても、お金は減らない。「収入－支出＝貯蓄」の収入の部分が増加しているからだ。

　「一緒にお金持ちになろう」。今振り返ると何とも品の無い人生目標を夫婦2人で掲げ、とにかくその目標に向かって突き進んだ。ドケチで軍資金を貯め、持てる知識と経験をフル動員して株式投資に取り組んだのである。そして、真剣に努力を重ねて、次第に勝つ理由が分かるようになり、今がある。

Lesson 3

銘柄の探索

大化け株は○○が教えてくれる

9 自分の強みを整理しておく

スポーツであれ、ビジネスであれ、およそ勝敗のつくジャンルでは、まず自らの強みを認識して、それを伸ばすのが勝つための鉄則と言えよう。株式投資も例外ではない。ところが、多くの個人投資家はそのステップを踏もうとしない。自分の強みを顧みることなく、ネットで話題になっている株を買ってしまう。これでは勝つことは望めない。

では、株式投資におけるあなたの強みは何だろうか？　この点を一度、整理しておくとよいだろう。あまり難しく考える必要はない。あなたの強みの大半は、あなたの人生そのものであるからだ。

何千社もある上場企業のすべてを知り尽くす投資家などいない。自分の得意ジャンルを設定して、そこを深く追究すればよい。仕事や趣味のジャンルならあなたには理解しやすく、他人には理解しにくい。深く数字を追求するにも、将来を予想するにも、あなたならではの個性が生きるし、第一に楽しい。

10 身の回りで起きている変化を察知する

まず改めて強調したいのは、株式投資の対象や情報は、自分とは縁遠いところに存在するものではないことだ。むしろ、あまりに身近過ぎて株式投資につながるとは思えないものにこそ、あなたが最も有利な位置に立ち、最もリターンを期待できる投資の対象や情報が潜んでいる。そのため、身の回りで起きている変化を敏感に察知できるよう

にアンテナを高めておくことが求められる。「はじめに」で紹介したピーター・リンチは、変に難しい株を買うのではなく、「身近な銘柄こそが狙い目」と主張する。

　人々が行動を変えた時には、周辺に大化け株の候補が必ず潜んでいる。例えば、アップルのiPhoneを買ったついでに、アップル株も買っておけば、あなたは財産をかなり増やすことができただろう。

　ガラケーからスマホへのシフトは、世界中の人々が体験した身近な変化である。しかし、この身近な変化を株式投資に結び付けることができた人はごくごく一部に限られる。あなたが目指すべきは、こうしたごくごく一部の人の中に加わる能力を身に付けることだ。身近な変化に気付き、それを投資につなげようとする思考回路を作る努力が、その第一歩になる。

　なお、身近な変化を投資につなげられる頻度はせいぜい1年に2〜3度だろう。「今日は張り切って身近な変化をいっぱい見つけるぞ」と意気込んでも、そうそう見つかるものではない。日常の中で感心することや驚くことがあった時、あるいは家族、友人が興奮気味に何かを教えてくれた時などに突然、投資のチャンスは訪れる。それを確実につかむための「気付く力」を磨くのである。

11 職場での知見を活用し、「嫌なライバル」にも注目する

　ビジネスパーソンなら、職場での知見をそのまま株式投資に活用することができる。化学会社の社員であれば化学株、半導体関連企業の社員であれば半導体関連株を狙うのだ。

　具体的に言うと、例えば、あなたがいつも読んでいる業界の専門紙には業界の出来事が事細かく掲載されている。その中に急成長してい

る新興企業の記事があれば、それこそが有望株の候補になる。恐らく欧米系のヘッジファンドのファンドマネジャーよりも、あなたのほうよっぽどその会社の有望度を正確に判断できるだろう。私もこの方法で大きく勝ったことがある。

　あるいは、職場で何気なく使っている便利なネット企業なんていうのも面白い。その会社の良さを実感できるというあなたの強みを十分に発揮できるはずだ。

　10年ほど前の話だが、工場を経営している叔父がこうぼやくのを聞いた。「いつも使っているMonotaRO（3064）の株を買えばよかった。あの便利さを初めて知った時に買えば、株価は10倍になっていたよ」。

　工具や間接部材をネットで販売する同社は今や「工場のアマゾン」などと呼ばれ、工場にとって欠かせない存在だが、東京・大手町に通

図表5　MonotaRO（3064）の株価推移

ー13週移動平均線　ー26週移動平均線

株価
（円）

週足

3,000

10倍高の時点から
さらに13倍も値上がりした

2,000

1,000

売買高
（万株）

1000

2007年
1月　　2010年
1月　　2012年
1月　　2014年
1月　　2016年
1月　　2018年
1月

う金融のプロたちには縁遠い企業だ。間違いなく私の叔父はこの会社の良さをいち早く知る立場にあった。

その強みを生かせなかったのは残念だったが、さらに残念な話がある。実はその話を私が聞いた10倍高の時点ですら、同社株を買うには遅くなかったのだ。その後も株価は順調に上がり続け、2018年9月には、10倍高からさらに13倍の6550円に達した。

あなたが働いている業界で、格下でありながら急成長している「嫌なライバル企業」があれば、それも有望株といえる。業界に精通しているあなたが「嫌だ」と感じることこそ、その企業が優れている証拠だ。「業界の秩序を乱す」などと文句を言う前に、その株を買い、ビジネスモデルの研究でもしたほうが、あなたの仕事にも有益だろう。

12 趣味や好みの情報を生かす

仕事以外であれば、あなたの趣味もそのまま強みとして生かせるだろう。必ずしも人に自慢できるような趣味である必要はない。例えばゲーム。「ポケモンGO」の大ヒットで急騰した任天堂（7974）のように、このジャンルからはいくつも大化け株が登場している。クルマ好きならスバルブランドの富士重工業（現SUBARU、7270）で10倍高を取れたかもしれない。商品やサービスの良さを実感できるだけでも、決算書やネットの情報だけを見て投資している人に比べれば、かなりの強みを持っていると言えるのだ。

もっと言うと、趣味ともいえないこだわりや嗜好でさえも、十分な強みになる。私はトンカツが大好物だが、おかげでトンカツ専門店「かつや」を展開するアークランドサービスホールディングス（2023年8月に親会社による完全子会社化で上場廃止）でテンバガー（10

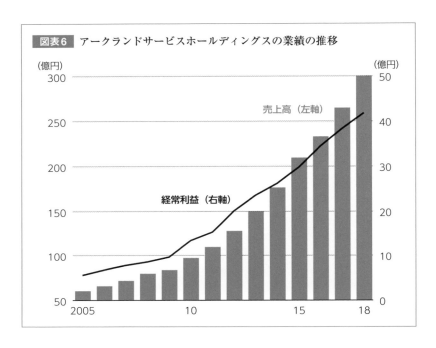

図表6　アークランドサービスホールディングスの業績の推移

売上高（左軸）

経常利益（右軸）

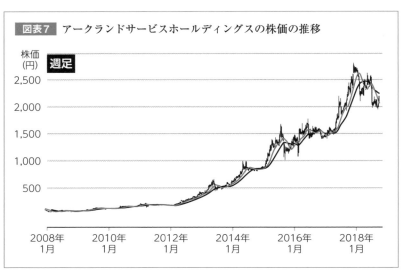

図表7　アークランドサービスホールディングスの株価の推移

株価（円）　週足

倍株）を取れた。

　ひょっとしたらこれが一番大事かもしれない。「好きこそものの上手なれ」だ。株の場合は財産がかかっているので本気度が違う。投資対象のホームページや決算資料を隅から隅まで読めば、専門性に磨きがかかる。

13 ユーザーとして満足した会社、家族のお気に入りの店を調べる

　私はユーザーとして満足のいく体験をした時、必ずその会社のことを調べることにしている。大化け株は身近な所に潜んでいるからだ。

　というのも、過去に次のような失敗の経験があったからだ。初めてビジネスホテルの「ドーミーイン」に泊まった私は、ワンランク上の部屋と大浴場、そしておいしい朝食に大満足して、ドーミーインを展開している共立メンテナンス（9616）を450円ほどで買った。

　しかし、リーマンショックの傷跡が残っていた当時の経済状況を考慮して、「デフレに苦しむホテル業界で急成長は難しいだろう」と考えを変え、3割ほど値上がりした時点で売ってしまった（➡失敗例1）。意に反して、同社株はその後も上がり続け、2015年12月には5325円まで上昇し、「テンバガー（10倍株）」になった。

　顧客のニーズをしっかりとつかんだ企業が成長軌道に乗った時の株価の上昇には目を見張るものがある。2倍や3倍、共立メンテのように夢の10倍もある。デフレなどの外部環境のマイナス要因は、長期的に見れば買い時をもたらしてくれる。このことも、この失敗で胸に刻んだ。

　10年ほど前に妻から教えてもらったおしゃれな100円ショップのセリア（2782）に至っては、底値から100倍高という驚異的な成長を遂

げた。ただ、極めて残念なことに私はこの株を買っていない。当時は、妻の買い物好きを強みとは考えていなかったのだ。

　この教訓として、家族の強みも整理しておくことを強くお勧めする。娘さんに教えてもらった子供向け関連の企業が大化けする可能性だってあるのだから。

14　大化け株には特徴がある

　身近な株を買うなら次のような特徴をいくつか併せ持つ株を買うとよい。

❶他社技術の利用が得意

　株式投資で魅力的な企業は、意外にも革新技術の提供側ではなく、利用側に多い。例えばアップルのiPhoneは、数多くの日本企業の技術に支えられている。もちろん、最も儲かっているのは日本企業ではなく、アップルのほうだ。株価は1999年以降100倍以上に上昇し、時価総額は世界一となった。

❷右肩上がりの棒グラフ

　私は企業のホームページを調べる中で、長期にわたって右肩上がりの棒グラフを見ると、つい興奮してしまう。私の大好きな企業は、図表8に示した、情報システム構築支援を手掛けるコムチュア（3844）のように創業以来10年以上着々と成長を続け、上場後もかなりの長期間、その傾向を維持しているタイプだ。このようなグラフを見つけたら、ピンとくるようにしよう。

図表8 コムチュア（3844）の売上高の推移

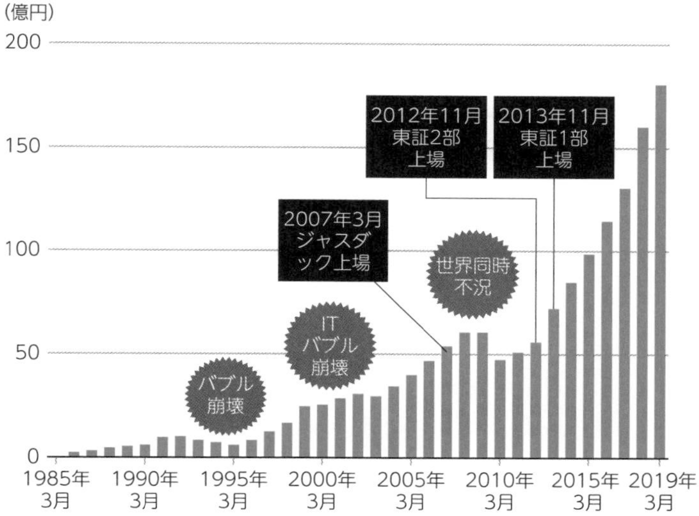

（億円）
200
150
100
50
0
2012年11月
東証2部
上場
2013年11月
東証1部
上場
2007年3月
ジャスダ
ック上場
世界同時
不況
IT
バブル
崩壊
バブル
崩壊
1985年
3月
1990年
3月
1995年
3月
2000年
3月
2005年
3月
2010年
3月
2015年
3月
2019年
3月

❸まるで話題に上らない

株価は、長期的には、企業の成長と割安な株価の是正という2つの要因で上昇する（➡31）。同じ成長株を買うなら、株価は割安なほうがいい。今市場で人気がない割安な株が、今後もずっと人気がないわけではない。あなたの独自の視点からは有望なのに、市場で話題に上っていない株が見つかれば、じっと持ち続けよう。将来、市場がその成長性に気付いた頃には、株価は数倍に上昇しているはずだ。

❹行列、売り切れ、予約待ち

これまで鳴かず飛ばずだった企業が、ある日、とても上手に市場のニーズをつかむことがある。株価は急上昇し、一躍スター株に変身するが、そんな夢のような出来事の兆しは身近なところから始まる。欲

しい商品がすぐ手に入らず、予約待ちや行列に並ばないと買えない。そんな光景を目にしたら、その商品を提供している会社のことを調査するとよい。

❺常習性や中毒性のある商品

　食品や外食の銘柄を狙うなら、おいしさよりも、つい口に入れてしまう常習性や中毒性に着目しよう。コーヒー、たばこ、ポテトチップス、トンカツ、激辛、健康食品……。常習性の高い食料品は必ずしもおいしさで買っているわけではないが、提供企業の株価は長期的に堅調なことが多い。同じ理由で、ゲームやSNS、アニメなどのついハマりがちな分野から、思わぬ大化け株が出る可能性も忘れてはいけない。

❻有望株の周辺に次の候補がある

　21世紀に入ってから、小売り・外食セクターから、テンバガー（10倍株）が次々と登場した。背景には、複数の技術変化や構造変化がある。高速道路やバイパスの整備に伴う人の移動の変化、安価で工期の短い乾式工法の普及によるスピーディーな多店舗展開、規模が大きいほど販売データが蓄積できるPOS（販売時点情報管理）システムの普及などだ。これらが、新興の郊外型チェーン店に有利に働いた。こうした変化は、同時に複数の関連企業にも大きな変化をもたらす。

　たまたま有望株を1つ見つけたら、成長構造を吟味し、よく似た構造の関連企業を探すと、次の大化け株を見つけられる可能性がある。今なら、AI（人工知能）や、地球環境問題に取り組む企業などに十分に注意を払うべきだろう。

15 理解できない会社には投資しない

「投資は合理的であらねばならない。理解できないなら金を出すな」。これは、米国の偉大な投資家、ウォーレン・バフェットの名言の1つである。

この言葉の肝は「理解」の2文字にある。投資家にとっての最大の弱みは「理解できない」ことであるからだ。繰り返し強調してきたが、株式投資では事業内容を自分で理解できる会社の株を買うことが原則だ。事業内容が理解できないなら、無理に理解できるようになる必要はない。バフェットが説いたようにその企業の株を買わなければよい。そうすることによって、「理解できない」という克服困難な弱みと正面から向き合わずに避けて通ることができる。

これはシンプルで合理的な考え方だが、実践するのはそう簡単ではない。人間には、よく分からないものを魅力的と思い、分かりやすいものをつまらないと感じる心理的な傾向があるからだ。理解できないものには投資しないというルールを堅持するには、最初は魅力的に映った企業について理解できない点を明確にして自覚することが求められる。「理解できないことがこんなにある」と気付けば、リスクの高さも確認できるはずだ。

理解できない点を明確にする具体的な方法として、私は常に図表9に示した5つの問いを検討することにしている。決算書や会社資料を読み込んでウラ（確証）を取り、それでも明確に答えることのできない問いが残る場合は「様子見」と判断して大きな投資はしない。

図表9　5つの問い

☑ **なぜ成長できているのか？**

☑ **成長は今後どの程度続く見込みか？**

☑ **成長が止まるとしたらどのような理由が考えられるか？**

☑ **既に悪い兆候は出ていないか？**

☑ **株価は適正な水準にあるといえるか？**

企業の見方

分析のポイントをつかむ

16　5つのポイントから企業を分析する

　はっきり言って、本当に良い株を安く買うことができたなら、下手に世界中から新しい情報を集めるよりも、その会社のことだけを深く詳しく調べたほうがよっぽどお金持ちになれる。そのためには、その根拠を確認する、すなわち、ウラを取る作業が最も重要になる。

　そこで、企業を俯瞰する方法を紹介したい。私はブログの読者の方々から様々なコメントを頂くが、その中には株式投資に関する悩み事の相談がよく含まれている。特に初心者とおぼしき方に多く見られるのが、「企業とはおおむねこういうものだ」という概観をつかみ切れず、投資先の企業を誤解しているケースである。

　例えばソニー（現ソニーグループ、6758）については、鮮烈だったかつての家電メーカーのイメージをいまだに持ち続けている人が多いようだ。しかし、事業の構成比率や利益貢献から見れば、現在の本業は、ゲーム、音楽などのエンターテインメントや損害保険などの金融である。このように企業について誤解するのを防ぐために、企業を俯瞰できるようになることが必要だ。

　ソニーの例のように企業を誤解しやすいのは、ブランドや広告宣伝、店舗の内装や商品のパッケージといった特徴的な部分のイメージが強く、それに引っ張られてしまうからだろう。そこから生じる誤解は株価に反映され、実は企業の実際の価値と株価の間にギャップが生まれる素地になっている。株式投資で儲けたいなら、企業の表面的なイメージに引っ張られてはならない。企業全体をバランスよくつかむ力を身に付けることが求められる。

　図表10をご覧いただきたい。私のブログのタイトルにも使用している「梨の木」を中央に据えたイラストである。これは企業を分析す

るために必要な5つのポイントを描いたものだ。

かつては小さかった梨の苗木が厳しい自然環境の中で成長して、今
は大木となって多くの梨の実を育んでいる。その姿が象徴するのは、

図表10 企業の概観を俯瞰するポイント

外部要因
（市場全体）

商品・サービス
（収益性、競合）

経営者

内部要因
（成長性、健全性）

外部要因
（業界、業態）

小さなベンチャーから大企業へと成長した会社だ。厳しい事業環境の中で競争を勝ち抜いて規模を拡大してきた。そして上場を果たして、多くの商品やサービスを世の中に広く提供するようになった。

　5つのポイントを順に見ていこう。

❶成長性　❷健全性

　まず、木の幹に当たる部分に目を向けていただきたい。そこから出た吹き出しには、「内部要因（成長性、健全性）」と記されている。もし「この梨の木を買わないか？」と所有者から言われたら、読者のあなたは最初に何を気にするだろうか？　恐らく「この梨の木は成長しているのか？」「健康な状態を維持できているか？」という2つの点だろう。株式投資も同じだ。私が投資する前にまずチェックするのは、企業の成長性と健全性である。

　ただし、企業の成長性と健全性をチェックするには、ちょっとしたスキルが必要になる。このことも梨の木を例に説明しよう。梨の木の成長量は、ただ木の様子を見るだけでは把握できない。毎年同じ時期に木の太さを測り、その差を調べることが必要だ。

　同様に企業の成長性をチェックするためには、過去の決算資料から売上高や利益などの業績のデータを拾い出し、経年の変化を調べる作業をしなければならない。私の場合は、『会社四季報』（東洋経済新報社）に掲載された過去3期分の実績と今後2期分の予想の数字を最初に確認する。そして気になった企業があれば、その会社の公式ウェブサイトで決算書類や決算説明資料を手に入れて、さらに過去に遡ってデータを拾い、詳しく比較分析する。

　分析にあたっては、過去数期分（5〜10期分。上場してから5期に満たない新興企業の場合は上場以降分すべて）の決算書をホームページからダウンロードして、損益計算書に記された数値をひたすら表計算ソフトに入力する作業をするとよい。最近は投資情報サイトや証券

会社のサイトでもそれらの情報を手にすることができるので、そういったものを使っても構わない。

　財務3表のうち、なぜ貸借対照表やキャッシュフロー計算書ではなく、損益計算書を分析の対象にするのか。成長株投資では企業の業績の伸びが最も重要であり、それを表す損益計算書を分析の中心に置くべきだからである。

　作業の結果、「どうやらこの会社は成長軌道に乗っている」と判断できたとして、投資家として重要なのは利益成長が今後も続くかどうかである。この時点で考えるべきポイントは2つある。1つは、このまま成長が続いたとして成長の限界はどのあたりにあるのか。もう1つは、ビジネスモデルの中に成長の仕組みが内在している構造になっているかだ。2つの観点から成長の継続性のウラを論理的に取ることが重要なのである。

　一方、企業の健全性のチェックでは、やや専門的な財務会計の知識が必要になる。梨の木の健全性が知りたければ、樹木医のような専門家のスキルが必要となるのと同じだ。私はまず『会社四季報』で、自己資本比率、キャッシュフロー計算書の内容、そして現金同等物と有利子負債の差をチェックする。借金が少なく、現金収入が安定的に入ってくる形になっていれば、「健全」と判断してよい。ここまで読んで、「何のことかさっぱり」という方は、財務分析の勉強も少しずつ始めるとよいだろう。

❸商品・サービス

　次に梨の実に目を転じると、そこから伸びた吹き出しには、「商品・サービス（収益性、競合）」と書かれている。いくら木が健康に成長していても、梨の実がまずかったら、「この梨の木を買おう」とは思わないだろう。梨の味を確かめるには、実際に手に取って食べる必要がある。企業の場合も、商品やサービスを利用して、使い勝手な

どを実際に体験することが求められる。

　もう1つ重要なのは、あなたが普段何気なく商品を購入したりサービスを利用したりしている企業の株を調べることだ。知らず知らずのうちに気に入って使っているということは、「梨の実がおいしい」ことに他ならない。日本マクドナルドホールディングス（2702）、100円ショップのセリア（2782）など、よく利用してなじみのある企業の過去10年の株価チャートを見てみよう。頭がクラクラするほど、株価が大上昇していることに気付くはずだ。

　私は飲食業とは全く無縁の仕事をしてきたが、ピーター・リンチの著書を読んで外食産業の有望性に気付き、集中して外食企業を調査したことがある。各社のホームページを調べまくって、気になった会社の店舗で昼食を取って店の様子をチェックするようにした。その結果、チェーン店の脂っこい食事ばかりで太ってしまったが、外食は私

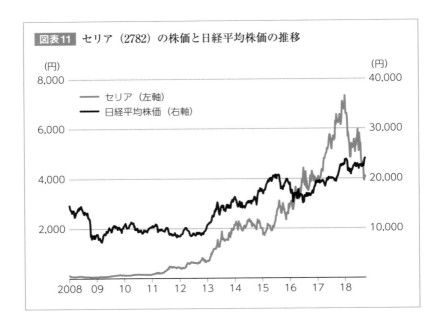

図表11 セリア（2782）の株価と日経平均株価の推移

の得意ジャンルになった。

　ただし、なじみのない企業にも株価が大上昇してきた会社は数多く存在する。やや玄人っぽい投資になるが、実際に商品やサービスを体験しなくても、「恐らくあの梨の実はおいしい」と想像する方法はある。どれだけ儲かっているか、つまり、収益性を確認することだ。

　収益性を確かめるには、ROE（自己資本利益率）やROA（総資産利益率）という財務指標を調べるとよい。ROEは純利益を自己資本で除して算出する。ROAは純利益を総資産で除して求める。これらの指標の数字が同業他社のものと比べて高ければ、恐らくその企業の商品やサービスは何らかの理由で競争力があるとみてよい。

❹外部要因

　4番目のポイントは外部要因だ。大きく分けて2つある。梨の木は常に変動する気象の中で育っていくが、風当たりの弱い肥沃な土地で育つ木と風当たりの強い痩せた土地で育つ木とでは、随分と生育状況が異なる。せっかくできた梨の実が風で落ちてしまう確率も前者の土地のほうが低いだろう。

　企業にとって常に変動する気象に該当するのは景気や為替、政治動向、国際情勢などだ。特に景気や為替の変動は幅広い企業の業績に影響を及ぼす。日々の株式関連ニュースは、冒頭でその日の日経平均株価やTOPIX（東証株価指数）などの代表的な株価指数がどれほど変動したかを報じ、為替などの影響を解説する。それらも重要だが、株式の長期投資にとってより重要なのは、どんな土地で栽培されているかだ。企業にとっての土地、すなわち、どの業界や業態に根を下ろしているのかをしっかりと見極める必要がある。

　セリアの株価と日経平均の推移を比較したチャート（図表11）からも分かるように、適切な業界に根を下ろして、おいしい梨の実を提供し続けることができれば、日経平均やTOPIXが示す相場全体の動

向にほとんど左右されることなく、株価は長期にわたって上昇し続ける。景気や為替は全くもって予想できないし、機関投資家のプロたちが圧倒的に有利な領域でもある。変化の激しい空模様ばかり見て一喜一憂せず、大地に目を向け続けることが肝要だ。

❺経営者

　最後の5番目のポイントとして経営者に触れたい。梨の木を育てる栽培者の腕によって、梨の味は全く異なってくる。同様に、伸びる企業には必ず優れた経営者が存在する。

　しかし、私の経験から言うと、経営者の力量を見極めるのは簡単ではない。投資信託の「ひふみ投信」を運用する資産運用会社レオス・キャピタルワークスの藤野英人社長は、『スリッパの法則』（PHP研究所）という著書の中で「創業者の魅力にだまされるな」と主張している。全くその通りだと思う。

　創業社長にせよ、サラリーマン社長にせよ、上場企業の経営者はどの方もとても魅力的だ。そんな方々の中から、特に実力のある人を見分けるのは非常に難しい。

　ただし、経営者に会わなくても、事業計画や事業そのものをじっくりと見ていけば、おのずと経営者の考えは伝わってくる。つまり、栽培者の顔を眺めるのではなく、防風林や土壌を確認し、実際に梨を食べることで、経営者を知ることができるのである。

17 決算ニュースを見て 単純に判断してはいけない

　新聞やネットの報道は大抵の場合、決算短信の数値をそのまま報じる。例えば、「A社の今期営業利益は過去最高を更新。前期比45％

増」などといった具合だ。これを見て「A社株は有望だ。株価も上がるに違いない。だから株を買おう」と単純過ぎる行動を取るようでは、上達はおぼつかない。

　ポイントを具体的に説明しよう。決算短信の最初のページには、その期までの累計の数値が記されている。第2四半期決算の短信ならば第1と第2四半期の累計、第3四半期決算の短信ならば第1、第2、第3四半期の累計である。ところが株価は、例えば第3四半期決算の発表時点では当然のように第2四半期までの実績を完全に織り込んでいる。だから、投資家の関心は第3四半期単独の数値に集中している。そこで求められるのは、累計である決算短信の数値から当該四半期単独の数値を抽出する作業だ。

　図表12に示したように、最新の決算短信の数値から1四半期前の累計を差し引くだけでよい。表計算ソフトで詳細に入力すれば、売上総利益や販管費の推移も確認できて、業績の変動理由を探り当てる助けにもなる。仮に、通期（第4四半期）の累計が過去最高益で前期比45％の増益だったとしても、四半期単独の営業利益の推移が第1四半期以降に下降トレンドをたどっていることが確認されれば、決算発表の直後から大きく売り込まれるだろう。

　もっとも、業態によっては下降トレンドのように見えても必ずしも業績が悪化しているとはいえないケースもあるので、注意が必要である（図表13）。例えば、消せるボールペンが大ヒットになったパイロットコーポレーション（7846）。この会社の稼ぎ時は、新学期の4〜6月期であり、反動で7〜9月期は営業利益が減少する。この現象だけを見て、下降トレンドに入ったと判断してはいけない。ビール首位のアサヒグループホールディングス（2502）は、ビールや清涼飲料水の販売が夏場に膨らむので、7〜9月期の利益が最も大きくなる。

　このように特定の季節に集中的に稼ぐ企業の場合は、過去1年の決算推移を見るだけでは足りない。過去数年分において四半期単独の数

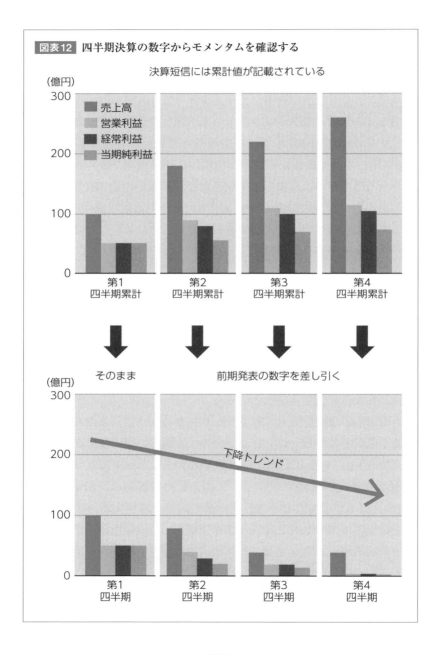

図表12　四半期決算の数字からモメンタムを確認する

決算短信には累計値が記載されている

値を抽出する作業を繰り返して、各四半期単独の数値の前年同期比の推移を確認するとよい。

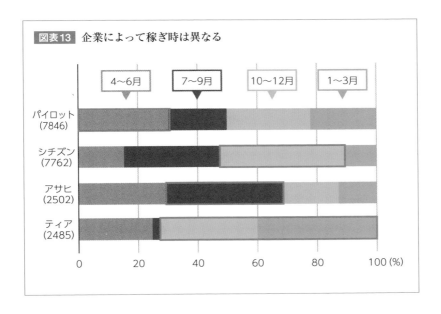

図表13　企業によって稼ぎ時は異なる

Lesson 5

株価の動き
相場を読めるようになる

18 株価は短期的には連動しても長期的には個性が表れる

　本来、1つひとつの企業には異なる顔があり、多様性に満ちている。ところが、多くの投資家は個性の違いを無視し、すべての銘柄をひとまとめに売買する。

　図表14はコロナショックが発生した2020年1月〜2020年6月末までのホンダ、塩野義製薬、鹿島、ソニーの6か月チャートである。もし社名を隠したなら、あなたは、どれがホンダで、どれが塩野義製薬か、言い当てることができないだろう。これが連動である。

　しかし、5年とか10年といった長い期間で見比べると、違う企業のチャートは瓜二つにはならない。図表15は図表14と同じ4銘柄の過去10年のチャートである。業績は連動しないから、長期的には個性が表れるのである。やはり、良い会社は右肩上がりのチャートを描き、そうでない会社は、横ばいか、下降チャートを描くことになる。

19 株価を動かしている原理を理解する

　初心者の方は意外に思われるかもしれないが、株価はいくつかの単純な原理原則に基づいて動いている。いくつかが組み合わさることで複雑に見えるだけなのだ。

　株価は売買の需給関係で時々刻々と変動するが、長期的には、通常、❶近未来の業績 ❷リスク ❸金利水準——の3つが変動の主因となる。

❶株価は未来を反映する

　株価は未来の業績を反映させながら変動する。ある会社が前年にどれだけ儲けたかという事実は、既にその会社の株価に織り込まれている。だから、前年度の業績を根拠に株を買っても、値上がり益はほとんど得られない。大切なのは未来である。

　今後業績が上向くようであれば、いずれ株価は上昇する。その逆であれば下落する。決算発表で前期の素晴らしい実績を発表した途端に、「材料出尽くし」などと判断されて株価が下落する。業績の下方修正を発表したにもかかわらず、翌日から株価が上昇する。こうした一見不思議に思われる現象も、株価は未来の業績を反映させながら変動するという原理原則を知っていれば、理解することができるだろう。

　では、株価が織り込む未来はどの程度先のものなのか？　一般的には株式市場は、数か月から長くても３年程度先の業績を織り込みながら株価を形成しているといわれている。

　もっとも、企業ごとに織り込まれている未来は異なる。時期によっても先が見通せることがあったり、急に見通しが悪くなったりする。例えば、リーマンショック直後は全く先が読めなくなり、極めて近視眼的な判断をせざるを得なくなった。競馬と違って必ず決まったゴールがあるわけではなく、「おおむね数か月から長くて３年程度先の近未来」としか言えない。株式投資家はそのアバウトさを受け入れる必要がある。

❷株価はリスクを織り込む

　株式投資をするのであれば、「リスク」という言葉を忘れてはならない。あなたは株を買った瞬間から常にリスクと付き合うことになる。では、株式市場はそのリスクをどう株価に反映させているのだろうか。

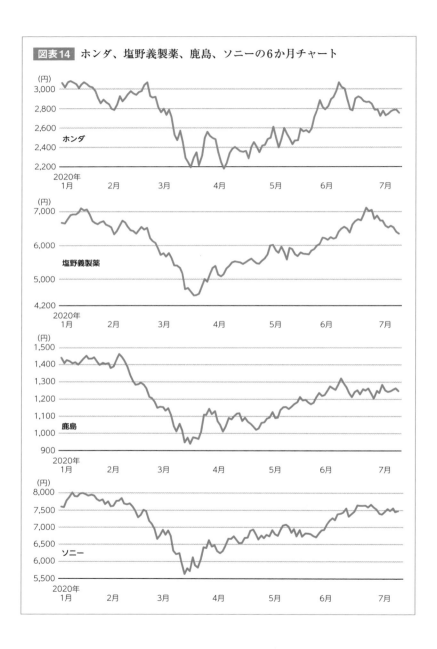

図表14 ホンダ、塩野義製薬、鹿島、ソニーの6か月チャート

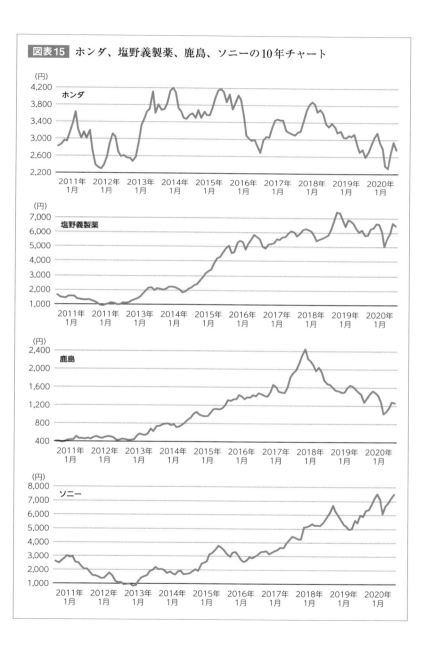

図表15 ホンダ、塩野義製薬、鹿島、ソニーの10年チャート

　最もオーソドックスで説得力のあるやり方は、次のようなものだ。

　仮にあなたが投資しようと考えている会社が、戦略的な新商品を発表したとする。この新商品がうまく売れれば、今後2年間で80%の利益成長が見込めると会社は説明する。しかし、それは「うまく売れれば」の話だ。投資家は常にそうならない可能性も検討する必要がある。ライバルだって黙ってはいない。さらに上を行く強力な対抗商品を出して、この会社の狙いを完全に打ち砕く可能性もあるだろう。

　リスクの考え方は、図表16のようになる。いくつかのシナリオを用意して、それぞれのシナリオが実現した場合の利益成長（A）を予想する。次にそれぞれのシナリオが実現する確率（B）をはじき出す。そしてAとBを掛け合わせたものを計算する。最後にその縦軸を合計して、この場合は18%という数字（期待成長率）を導き出す。

図表16 シナリオに基づく期待成長率の算出法

	A	B	A×B
	近未来の利益成長	確率	期待成長率
最高にうまくいく	80%	20%	16%
まずまずうまくいく	15%	40%	6%
あまりうまくいかない	0%	30%	0%
大きく失敗する	▲40%	10%	▲4.0%
合計			18.0%

「期待成長率」はリスクを考慮した成長率のこと。▲はマイナス

　ここまで書くと、「そのシナリオや確率はどの資料に示されているのか」と聞きたくなるだろう。残念ながら、そういう受験勉強的な答えは株式市場には存在しない。あくまであなた自身が予想し、計算すべきものだ。もちろん、ネット上で専門家の意見やどこかのブログの個人的な意見を読んだり、あるいは『日経マネー』などの専門誌の記

事を参考にしたりしても構わない。網羅的に全銘柄の業績予想を知りたいなら、『会社四季報』を参考にするのもよいだろう。ただ、それらはあくまで参考資料に過ぎず、最終的な判断は実際に資金を投入するあなた自身で下すべきものだ。

❸株価は金利水準の影響を織り込む

株価は金利水準の影響を受ける。金利が上昇すれば株価が下がる方向に圧力がかかり、金利が低下すれば株価は上昇するという原理が存在する。

分かりやすいように、事例で説明しよう。ある日、会社の部下から「家内には内緒で三井住友銀行に隠し預金があります。そのカネを株で増やしたいのですが、どの銘柄を買えばよいでしょうか」と相談されたことがある。その時に私は「どの株を買うかは自分で考えるべき問題だ。ただ、三井住友銀行に預金しておくなら、三井住友フィナンシャルグループの株を買うほうがマシだとは思う……」とつぶやいた。

2018年9月28日時点で、メガバンクの一角を占める三井住友銀行で定期預金をしても、金利はわずか0.01％しか付かない。300万円を預金しても、1年後に得られる利息はたったの300円だ。一方、同行の持ち株会社である三井住友フィナンシャルグループ（8316）の株を買って得られる配当の予想利回り（今期予想の配当を株価で除して算出）は3.7％である。仮に同社の株を300万円分購入すれば、1年で11万1000円の配当が手に入ることになる。

ところが、仮に将来、定期預金の金利が大きく上昇して1991年に付けた過去最高の5.7％になったとしよう（そんな時代もあったのだ……）。金利が5.7％なら300万円を預金するだけで毎年約17万円の利息がもらえる。そのような状況で3.7％の配当利回りを求めて株を買うだろうか？　答えは「ノー」だろう。恐らく株式に投資する投資家

の多くは、より高い利回りを求めて増配や成長を企業に要求するようになる。それに応えられない企業の株は売られて、株価は下落するのである。

このような理由によって、金利が上がれば株価は下がり、金利が下がれば株価は上がる圧力を受けるのだ。

❹純資産価値から株価を推定したほうがよい場合もある

以上の3つの原理に加えて、もう1つだけ知っておくべき原理がある。企業の純資産価値から株価を推定したほうがよいケースだ。

図表17のグラフは、2007年1月から2018年8月までの東証株価指数（TOPIX）の推移と、東証1部全上場企業のPBRの推移だ。PBR（株価純資産倍率）とは、株価が1株当たり純資産の何倍かを示す指標である。リーマンショックが発生した2008年9月頃から2013 年4

図表17　TOPIXと東証1部上場企業PBRの推移

TOPIX（左軸）

PBR（右軸）

出所：日本取引所グループ

月頃までは株価とPBRの動きは一致し、PBRは0.8倍前後で推移していたことが見て取れるだろう。

　これは「底練り」（➡21）と呼ばれる状態で、近未来の業績が極端に落ち込んだ場合、株式市場は企業価値の根拠を3つの原理ではなく、企業の保有する純資産の価値に求めていたと推察される。そしてPBRが1倍を超えた2013年以降は、3つの原理を通じて株価が推移する状態に戻ったと考えられる。極端に企業の収益が悪化した場合には、3つの原理ではなく、PBRを根拠に株価が動き出すと覚えておくとよい。

20 複眼的に物事を考える

　もし長期投資で財産を増やしたいと考えているなら、4つの原理を覚えておけば十分だ。短期的なゆらぎを除けば、株価の変動のほとんどは4つの原理で説明できるからである。

　こう記すと、「えっ？　じゃあ、為替や政治の安定は株価に影響しないのか？」などと疑問に思われるかもしれない。そんなことはない。実は為替や政治は、3つの原理を通じて株価に影響を及ぼす。

　例えば輸出関連株の場合、為替が円高に振れれば、近未来の業績が悪化すると予想されて株価が下落する。つまり、株価は近未来の業績を反映しながら変動する原理が作用するわけだ。一方、政治が安定すればリスクが下がるので、株価の上昇につながる。ここでは株価は様々なリスクを織り込みながら変動する原理が作用する。さらに時の政権が強力な経済政策を推進すると期待されれば、企業業績に好影響を与えると市場が判断し、原理の作用によって株価が上がるだろう。このような外部環境の変化が3つの原理を通じて株価にどのような影

響を与えるか。いくつかの例を図表18にまとめたので、参考にして
いただきたい。

　私も他の人の投資ブログや読者の方々から頂いたコメントを読むこ
とがあるが、その内容には投資のレベルに応じて明確な傾向が見られ
る。まず初心者の方は、株価だけを見ていることが多い。株価が上が
るのか、それとも下がるのか？　その根拠さえも株価に求めている。
だが、当然ながら、株価だけ眺めていても今後の展開の予想はできな
い。

　やや投資経験を積んでいる人の場合はもう少し視野は広くなるが、
その思考は飛躍していたり単純過ぎたりする。「円高だから日経平均
株価は下がる。だから持ち株を売る」といった具合だ。実はこのレベ

図表18 外部環境の変化が3つの原理を通じて株価を左右する例

外部環境	原理1（業績）	原理2（リスク）	原理3（金利）	総合判断
急激な円高 （輸出企業）	為替差損 ⬇ 国際競争力低下⬇	リスク増大⬇	金利低下⬆	⬇
政治の安定	経済政策に期待⬆	政治リスク 低下⬆	——	⬆
金融緩和	金利負担低下⬆	——	金利低下⬆	⬆
景気拡大	業績拡大⬆⬆	——	金利上昇⬇	⬆
戦争勃発	（企業によって 影響は異なる）	リスク増大⬇	——	⬇

注：⬆と⬇は株価の上昇と下落を表す

株価は通常、
❶近未来の業績❷リスク❸金利水準——の3つの要因で変動する。
成長株といえども、相場の停滞期には連動する。
相場の下落に逆らって逆行高を続ける成長株は非常に少ない。
また上昇期に急騰した分、株価の下落幅は大きくなりやすい。

ルの方は株価だけを見ている全くの初心者よりも失敗しやすい。断片的な情報に振り回されてしまうからだ。円高が3つの原理のどこに影響し、自分の持ち株にどんな影響を与えるのか？　原理に落とし込んで株価への影響を理解する癖を付けるとよいだろう。

　それなりに成功を積んでいる方は株価変動の原理を理解し、業績の話をしているのか、リスクの話をしているのかを自覚している。

　「この人はとても投資力がある」と感じるタイプの人はさらに複眼的に物事を考える。株式市場の視点を理解しつつ、自分自身の分析と比較して独自の投資ストーリーを描ければ、上級クラスと言える。

21 株価を動かす主体を意識し、4つの相場の特徴を知っておく

　プロの投資家による解説でよく出てくる「理論株価」とか「ファンダメンタルズ」などの概念は通常、4つの原理（➡19）、つまり業績、リスク、金利、純資産で構成されている。詳しく知りたい方は「企業価値算定法」や「バリュエーション」などが題名に入っている分厚い本を何冊か読めばよいのだが、少々難解だ。

　まずは説明してきた4つの原理を理解して、自分なりの投資ストーリーをしっかりと描けるようにしたい。そこで株価変動の4つの原理を実際の投資にどう活用できるのかを説明しよう。

　相場を読む時は、4つの要因を決定づける「主体」に着目する癖を付けるとよいだろう。近未来の業績や純資産価値を決定づける主体は企業であり、金利水準を決定する主体は日本銀行や米連邦準備理事会（FRB）などの中央銀行である。4つの要因は、それぞれ意思を持って変動している。その意思を持つ中心のことを、ここでは「主体」と呼んでいる。

　では、リスクの主体は何だろうか？　「リスクなんて世界中のあらゆる事象が主体だから、世界中のあらゆる事象を見ないといけない。そんなことは不可能だ」と考える人も多いだろう。しかし、私はやや異なる視点から、「リスクの主体は投資家だ」と考えている。

　世界中のあらゆる事象は、投資家の判断を通じて相場に影響を及ぼす。全く同じ事件が起きても、投資家の反応で株価の動きは変わってくる。投資家がうろたえれば大きく変動し、投資家の腹が据わっていて動揺しなければいくばくも動かない。つまり、世界中のあらゆるリスクは投資家の心理を通じて株価に影響を及ぼしているわけだ。

　常に企業、中央銀行、投資家という主体を意識できれば、相場の動きを的確に把握できるようになる。

　また、4つの株価変動要因の1つが株式市場全体を強く覆う現象がある。それぞれに名前があるので覚えておこう。企業の業績の影響が大きい相場は「業績相場」、金融政策、すなわち金利水準の影響を大きく受ける相場は「金融相場」、リスクが支配する相場は「波乱相場」という。多くの企業が赤字に陥り、相場全体が純資産価値を根拠に動く状態は「底練り」などと呼ばれている。それぞれの相場の特徴を簡単に説明しよう。

図表19 4つの相場

要因	主体	相場名称	相場の特徴
近未来の業績	企業	業績相場	銘柄ごとの取捨選択が進む
金利水準	中央銀行	金融相場	金融緩和局面で全体が底上げされる
リスク	投資家	波乱相場	激しく乱高下しながら下落する
純資産価値	企業	底練り	悪材料が出ても下がらなくなる

❶個別株が物色される「業績相場」

　業績相場では銘柄ごとの取捨選択が進みやすい。業績の良い銘柄の株価はよく上がり、業績の悪い銘柄は大きく下がる。私のように個別銘柄を厳選して買う投資家にとっては、真価が最も発揮できる相場だ。ただし、相場全体としてはやや盛り上がりに欠け、日経平均株価は横ばいで推移するケースが多い。

❷全体が底上げされる「金融相場」

　金融相場の特徴は、幅広い業種の数多くの銘柄が一斉に値上がりして、全体が底上げされるイメージだ。金融相場は、日銀やFRBが金融緩和を推進し、金利の低下や量的緩和の影響が社会全体に広く浸透し始めると、テークオフする。金融政策の影響はすべての銘柄に幅広く影響するため、銘柄ごとの違いはあまり重視されない。あえて言えば、借金の多い企業ほど金利負担が小さくなるので、業績に対する好影響が期待されて、株価が上昇しやすい傾向がある。不動産株や鉄鋼株などが代表例だ。金融相場では景気拡大に対する期待も高まるので、日経平均も大きく上昇する。

❸突然急落が起きる「波乱相場」

　波乱相場はある日突然、底が抜けたように株価が急落し始める相場だ。それまでの株価を安定させていた前提が崩れて、大きなリスクが市場を支配した時、投資家の心理は極度に悪化し、株価は激しく乱高下を繰り返しながら下落していく。

　株価が一度大きく下がると、信用取引でレバレッジをかけていた投資家の資金繰りが苦しくなり、さらに大きな売りが出る。そのため、株価の下落に拍車がかかる。

　リスクが顕在化せずにリスクのままで終われば、その後は急激に株価は反発する。だが、リスクが現実のものとなって企業の業績悪化が

顕著になるようであれば、さらにもう一段の下げを覚悟する必要がある。

　個人投資家が大失敗を犯すのは、決まってこの波乱相場だ。リスクが大きい相場であるにもかかわらず、それに気付かずにいつもと同じリスクを取り、押し目買いに動いてしまうことが多いからだ。運良くそれがうまくいけば大儲けできるかもしれない。しかし結果が裏目に出れば、あっという間にすべてを失ってしまう。

　残念ながら、波乱相場の始まりを事前に予想するのはほぼ不可能である。相場が過熱気味になってきた段階で、運用資産における現金の比率を高めたりすることによって、早めにリスクを下げておく対応が肝要になる。

❹絶好の買い場となる「底練り」

　業績悪化を伴う波乱相場では日経平均はあきれるほど大きく下がってしまう。先述のように、多くの銘柄は純資産価値から株価を算定したほうが妥当になるだろう。日経平均は次第に底練りと呼ばれる独特のチャートを描くようになり、さらなる悪材料が飛び出しても株価はあまり下がらなくなる。こうなると、私のようなバリュー（割安）株投資家にとっては絶好の買い場が到来したことになる。

　それから3〜5年後の運用成績は、この時期にどれだけ良い銘柄を仕込めるかにかかっていると言っても過言ではない。相変わらず景気はひどい状態で暗いニュースが世の中を覆い尽くしていても、自分だけは明るい気持ちで、勇気を振り絞って銘柄選びに励むべきだ。

　そのためにも最も重要なのは、波乱相場で立ち直れないような大打撃を被らないことだ。十分な資金余力を残しておきさえすれば、人生で最大級のチャンスに大勝負に打って出ることができる。

Lesson 6

勝つための投資法

バイ＆ホールドこそが勝利への近道

22 投資スタイルによって狙い目は違う

　個別株を取引する投資スタイルには、大きく2つの流派が存在する。何年もその企業の株を保有し続け、応援し続ける長期投資派と、投資家心理や需給要因を分析し、ある意味、企業の成長とは無関係に、短期的な価格変動を追い求める短期トレード派である。それぞれ、投資対象やレバレッジの取り方、期間の違いなどによって、さらに流派は細分化される。

グロース投資：業績拡大が期待できる企業を探す

　グロース投資は、日本語では成長株投資と訳される。一言でいうと、企業の長期的な業績拡大にかけた投資法である。「もし、5年後に利益が5倍になっていれば、株価も5倍になるはずだ」という投資法である。

　実際、企業は一度成長が始まると、業績を数倍、数十倍に高めることがある。丹念に企業のビジネスモデルや将来性を検討し、本物の成長株を手にすることができれば、あとは寝ているだけで、あなたを億万長者へと押し上げてくれる。

　問題は、数ある投資対象の中から、どうやって本物の成長株を見つけ出すかだ。ここにこの投資法の最大の難しさがある。相当な熟練が必要なのだ。

　ただ、既にビジネスモデルや会計の知識、世界中の様々な経済情報を収集しているビジネスパーソンにとって、やる価値はあるだろう。うまくコツを覚え、精進を続ければ、次第に安定した勝ちを手にすることができる。

　業績の拡大が今後も期待できる銘柄をひたすら探すのである。相場

という森全体を見るのではなく、個々の企業という1本1本の木の個性を見比べる投資法と言える。企業は数年から数十年という長い歳月をかけて業績を伸ばして成長する。この長期の成長トレンドをうまく捉えられれば、財産を数倍から数十倍に増やせる。

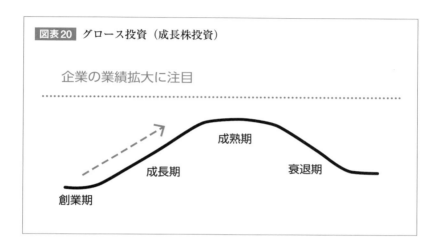

図表20 グロース投資（成長株投資）

企業の業績拡大に注目

成熟期

成長期

衰退期

創業期

バリュー投資：株価が割安な時に買う

バリュー投資を一言で説明すると、企業が本来持っている本質的価値と比べて、株価が割安な時にその株を買い、本質的価値と比べて株価が妥当か、あるいは上回れば、売り抜ける投資法といえる。

株で儲ける方法は、安く買って、高く売る。これに尽きる。この「安く買う」部分に重きを置いた投資法と言えるだろう。

バリュー投資をマスターすることができれば、リスクを抑えながら、安定したリターンを確保することができるだろう。「本質的価値に比べて割安に買う」という理想を実現することができれば、リスクをかなり下げることができる。既に下がり切った株は、もう、それ以上は下がらない、あとは上がるだけなのである。

　ただ、課題が3つある。①「安く買ったはよいが、いつまで経っても上がってくれない」というバリュートラップ（割安株のワナ）にハマるパターンをどう避けるか？　②「一見割安と判断して購入したものの、よくよく調べてみると、実はとんでもない問題を抱えており、割安どころか、とんでもない高い買い物になってしまった」という安物買いの銭失いをどう避けるか？　また、これはグロース投資にも当てはまることなのだが、③そもそも企業の本質的価値を、いったいどうやって見抜くのか？

　優れたバリュー投資家はこの3つの課題にうまく対処することで、安定したリターンを手に入れる。グロース株同様にかなりの熟練が必要である。

　バリュー投資は会計のスキルが必須となる。決算の内容を丹念に調べ、資産や長期的な収益性からその企業の本来価値をはじき出し、株価と比較して極端に割安な銘柄を買い向かうスタイルだからだ。

　この投資法のコツを1つだけ挙げると、割安なだけではなく、業績も上向いている銘柄を買うことである。

図表21 バリュー投資（割安株投資）

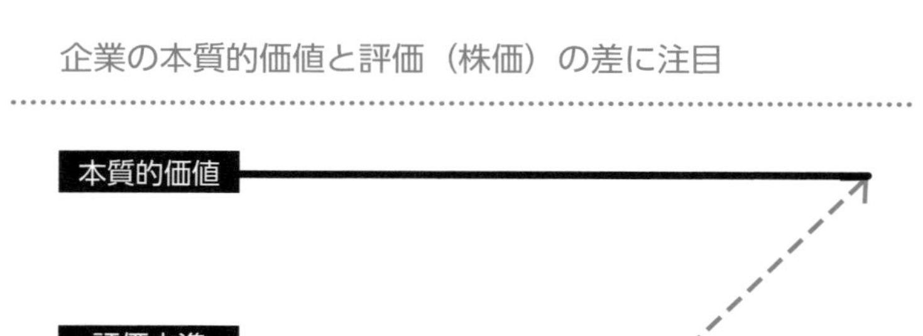

企業の本質的価値と評価（株価）の差に注目

本質的価値

評価水準

循環株投資：景気の波に乗って上がる株で勝負する

　一般的に景気の影響を受けやすい銘柄群は、シクリカル株（循環株）とか景気敏感株と呼ばれる。業種では鉄鋼、非鉄金属、海運、不動産、自動車、金融などが該当する。循環株投資は、シクリカル銘柄を選び、景気の波に乗って儲ける投資スタイルだ。図表22のグラフは、循環株の典型である商船三井（9104）の株価推移を示すチャートだ。2倍高と半値下落を頻繁に繰り返し、まれに大暴騰して10倍高を演じたことが見て取れる。

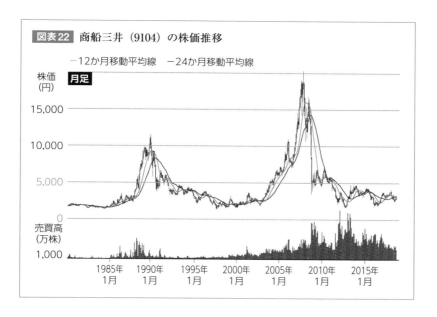

図表22 商船三井（9104）の株価推移

　株価の推移を見ると、景気の底で底値圏にある循環株を買い向かい、景気が良くなった時に売り抜ければ、大きく儲けられそうに思われるだろう。しかし現実はそう簡単ではない。まず景気の底と天井を見極めるのが困難だ。底値圏では市場の悲観的なムードに巻き込まれ、買い向かうどころか、売りたくなってくる。反対に天井圏では買

いたくなってしまう。

　結局、循環株投資で多くの個人投資家はデイトレードか、長くても数か月以内の短期的な売買を繰り返し、景気の波をこまめに切り取って利益を確定していく形を取っている。日中、市場の変化にいち早く柔軟に対応することができないビジネスパーソンが、全く同じことを実践するのは難しい。

　ただし、循環株の関連業種で働く方ならば、その道のプロとしての経験や肌感覚を投資に生かすことで不利を補うことは可能だろう。不動産相場や海運市況の動向を肌で感じられるような方なら、不動産株や海運株を狙えばよい。

　私の経験上、循環株投資では銘柄を絞るよりも幅広く複数銘柄を買うほうがうまくいきやすい。分散効果を利用できるからだ。景気が良くなっても、自社の戦略が裏目に出てうまく景気の波に乗れない企業が存在する。せっかく上昇相場を見事に読み切ったのに、よりによって自分の買った株だけが値上がりしないという事態だけは避けたい。

　なお、シクリカル株と反対に景気の影響を受けにくい銘柄群はディフェンシブ株と呼ばれる。食品会社や日用品メーカー、製薬会社などが当てはまる。

　このシクリカルとかディフェンシブとかという分類は、成長株とは別軸で考えなければならない。つまり成長株は、景気の影響を受けやすいシクリカル成長株（シクリカルグロース株）と、景気の影響を受けにくいディフェンシブ成長株（ディフェンシブグロース株）に細分化できるのである。

　ただ、シクリカルとかディフェンシブというくくりも最近は判然としない。例えば、新型コロナウイルスの影響で2020年度のGDP成長率はマイナス4.6％もの大不況だった。ところが、シクリカル株の代表格ともいえる住宅株や自動車株はむしろ売上を伸ばしているし、デ

ィフェンシブの代表である医薬品株はコロナ不況下で冴えない動きをするものが多かった。

　新型コロナウイルスのように、株式市場に大きな影響を及ぼす出来事は今後も発生するだろう。異常気象や巨大地震といった天変地異。AIや遺伝子技術といった新技術の普及に伴う旧来産業の衰退。格差社会や主義主張の隔たりに伴う分断構造の拡大、内紛、戦争。何がきっかけになるかは分からないが、シクリカルとかディフェンシブとかというくくりでは説明しにくい状況が次々とやってくるだろう。世の中は不景気でも、特定の業種に限っては好況ということも十分起こり得るのである。

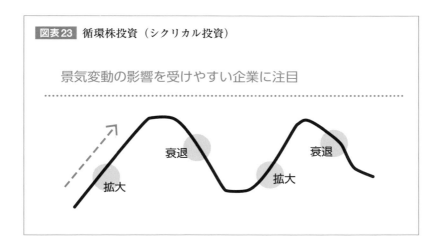

図表23　循環株投資（シクリカル投資）

景気変動の影響を受けやすい企業に注目

衰退

拡大

衰退

拡大

モメンタム投資：株の値動きを分析して素早く売買する

　モメンタム投資は、特定の銘柄の値動きやモメンタム（勢い）を分析し、買いが優勢で株価が上昇していれば、その流れに便乗して買い、買いの勢いが弱まれば、素早く売ることにより利益を積み上げていく投資スタイルである。パソコン画面に張り付き、値動きや出来高

の変化に素早く反応して勝負する短期トレーダーの多くはモメンタム投資家と言える。この投資スタイルは（いや投機スタイルと言ったほうが適切だろうが）理屈は至って単純である。そのため、初心者投資家の多くは、うっかり最初にここを目指してしまう。

　画面で値動きを見ていて、上がりそうになったら買い、下がりそうになったら売る。それを繰り返すだけに過ぎない。勝つこともあるし、負けることもあるので、退屈しない。信用取引によって証券会社から借金をして取引の規模を膨らませれば（レバレッジをかければ）、勝った時のリターンも大きくなるので、あなたの脳内はドーパミンとアドレナリンに満たされることだろう。凄腕トレーダーは、豊富な経験から「こういうパターンが重なれば上がる」「こういうパターンの時は下がる」という経験則を蓄積しており、その様々なノウハウを駆使して勝ちを積み上げていく。

　もちろん、初心者のあなたはそんな経験則もノウハウも持ち合わせていないため、ほとんどの方は、単に、時間潰しとカネ潰しに明け暮れることになるだろう。この投資法は麻雀やカードゲームなどと同様、実力あるものが勝ち残り、実力のないものはその餌食となる。

　一般的にこの手のギャンブルでは80対20の法則が適用される。上位20％が下位80％を餌食にしながら生き残るのだ。この上位20％の中には世界中のプロのノウハウや心理学を理解したAIも含まれる。仮に不断の努力で上位20％に食い込めたとしても、その位置をキープするのは今後、ますます難しくなるだろう。情報収集力や取引スピードの点からAIがさらに強くなるのは目に見えている。

　ただ、運も含めて、勝ち残ることができた一部のトレーダーの億万長者ぶりはすさまじい。あなたも仮想通貨や人気株で大儲けした人の話を見聞きしたことがあるだろう。確かに夢はある。

　しかし、「周りを見渡してカモがいないのなら、誰がカモなのか明白である（それは自分だ）」というギャンブルの格言を思い出そう。

私も以前はこの投資法でそれなりに勝てていたのだが、10年以上前に足を洗った。限界を感じたのである。

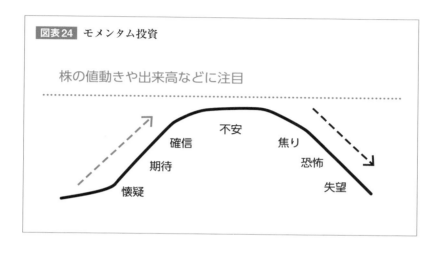

図表24　モメンタム投資

株の値動きや出来高などに注目

不安
確信
焦り
期待
恐怖
懐疑
失望

23 長期投資なら ビジネスパーソンの弱みを克服できる

　私は、モメンタム投資から足を洗って以降は、グロース投資とバリュー投資の組み合わせで、財産を積み上げてきた。成長株を割安な価格で購入して、株価の是正と企業の成長に伴う値上がりの両方を狙う投資スタイルを主体としている。

　Lesson1でも指摘したように、ビジネスパーソンとして仕事を持っていることは、短期トレードの世界では圧倒的な弱みである。サラリーマン投資家と専業デイトレーダーやプロの証券トレーダーとの情報格差は圧倒的である。仮にその情報格差を埋めることができたとしても、仕事中に堂々と株の売買はできないので、投資タイミングがすべ

てを決する短期トレードでは、太刀打ちできない。

　一方、長期の企業成長に賭けるなら、日々の株価変動はほとんど雑音に過ぎない。短期トレードでは圧倒的な不利をもたらした「仕事中に株価を見られない」という弱みを、「仕事中は株価を見なくて済む」という強みに変えることができる。この投資スタイルなら、投資と本業の両立も可能だ。むしろ相乗効果さえ得られる。

24 株式市場はバイ&ホールドに有利にできている

　2007年のことである。私はそれ以前の4年間に株式投資で財産を3倍に増やすことができたのだが、「やり方次第ではもっと増やせたのではないか」という思いを強くしていた。なぜだろうか。

　それまでの私の投資スタイルはというと、デイトレードから長くても1か月程度のスイングトレードで、今と比べるとかなり短期的なものだった。当時は短期トレードが大流行。株の雑誌やネットでも短期トレードの手法が幅広く紹介され、それ以外の投資法は時代遅れとでも言わんばかりの状況だった。

　ところがある時、自分が売買した銘柄の株価を長期的にチェックしてみた。すると驚いたことに、実際はその4年間に短期で売らずにただじっと持っていさえすれば、最初の買値から5倍や10倍に上がったものが大半を占めていた（図表25）。

　何もしなければ5倍高や10倍高になった株を何らかの理由を付けて細切れに売買した結果、財産を3倍にしか増やせなかったわけだ。「これまでの努力は何だったんだ！」。私は自分の投資法に対して大いに疑問を感じざるを得なかった。

　「自分は企業を分析して投資するスタイルなので、短期トレードよ

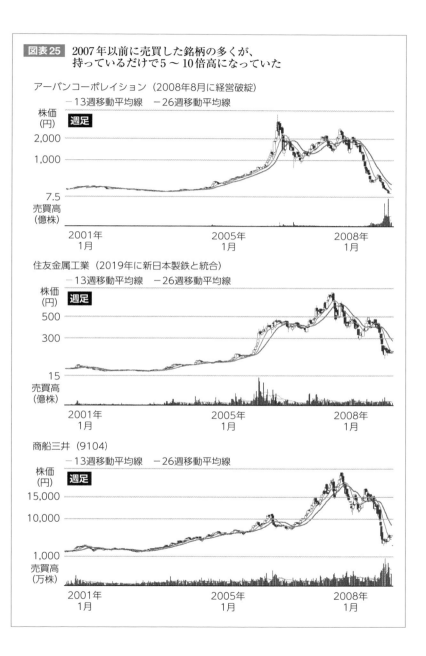

図表25 2007年以前に売買した銘柄の多くが、持っているだけで5 ～ 10倍高になっていた

アーバンコーポレイション（2008年8月に経営破綻）

－13週移動平均線　－26週移動平均線

株価
（円）

週足

2,000
1,000

7.5
売買高
（億株）

2001年
1月

2005年
1月

2008年
1月

住友金属工業（2019年に新日本製鉄と統合）

－13週移動平均線　－26週移動平均線

株価
（円）

週足

500
300

15
売買高
（億株）

2001年
1月

2005年
1月

2008年
1月

商船三井（9104）

－13週移動平均線　－26週移動平均線

株価
（円）

週足

15,000
10,000

1,000
売買高
（万株）

2001年
1月

2005年
1月

2008年
1月

りも長期投資のほうが向いているのではないか」「会社勤めをしながらの短期トレードは根本的に不利ではないか」「何度も絶望と有頂天を味わいながらギリギリの勝負を続けてきたが、長期的に見ると、それらは取るに足らない小さな変化だったのではないか」……。

　この時、以前図書館で借りて目を通し印象に残っていたある本のことを思い出した。「はじめに」で紹介したピーター・リンチの著書『ピーター・リンチの株で勝つ』(ダイヤモンド社)だ。早速、アマゾンで購入し、改めてこの本を読み進んでいくと、自分の投資法を振り返って抱いた疑問が確信に変わり、読み終えた時に「次はリンチの投資スタイルで行こう」と決心した。

　一度買ったら、少々上がろうが下がろうが、そんなのお構いなしで保有し続ける。前日のニューヨーク市場の値動きも、突然、飛び込んできた要人の発言も、SNSで共有される最新の注目テーマも全く気にしない。ただひたすら長期投資するに値する銘柄を探し続け、それを見つけたら、あとはそれをまとめ買いして、よほどの問題が起きない限り、ずっと保有し続ける。バイ&ホールド戦略だ。ウォーレン・バフェットやピーター・リンチ、あるいはジョン・テンプルトンといった米国の偉大な投資家が提唱してきた、極めてオーソドックスな投資スタイルである。

　当然、ネット上の心理戦を避けることも可能だし、短期的な需給要因とも無関係だ。

　「けど、そんな旧式兵器が現代の情報戦で本当に通用するのか?」。そんな疑問もあるだろう。しかし、大多数が将来性を無視した心理戦や需給戦に明け暮れていることこそが原因となって、逆に、将来性に着目した長期投資にはチャンスが広がるばかりだ。

　また、長く保有すれば保有した分だけ、安定して配当も入ってくる。仮に配当利回りが3%あったとして、それを5年間保有し続ければ、株価が15%下がったとしてもまだ負けてはいない。

長期視点に立てば、株式市場は、基本的にバイ＆ホールド戦略にとって有利なようにできている。短期視点ではわずかな優位性でも、時間が積み上がるとともにその優位性も積み上がり、小高い丘のようになって、敵を見下ろすことができるのである。

25 長期にわたって成長しそうな理想的な企業を探し続ける

　極論を言うと、長期投資はバイ（買い）ですべてが決まる。良い株を買いさえすれば、あとは何もしなくても、その企業があなたを大金持ちにしてくれるのである。

　バリュー投資においては、「いつかきっと、あるべき適正価格に株価が到達するはず」という市場の価格調整機能を信じる必要がある。「今は間違った価格形成によって割安に買えるが、いつか必ず企業価値に対して適切な価格になるはずだから、それまではこの株を保有し続けよう」という発想が大前提なのである。

　ただ、残念ながら、市場は少々選り好みが激しいため、すべての銘柄がいつかきっと適正価格になるとは考えないほうがよい。いくつかの条件を満たした、市場が好みそうな銘柄についてのみ、いつかきっと適正価格になると考えたほうが、投資戦略上はうまくいくだろう。

　では、どういう銘柄が市場に好まれるのか？

　一言でいうと、「今後長期にわたって成長しそうな企業」ということになる。つまりグロース投資の対象にもなり得る企業である。それ以外はいったん「消し」だ。いくら画期的な技術を開発したとしても、いくらSNS受けしそうな話題性のある商品を出したとしても、それだけでは長期的な上昇は期待できない。その技術やSNS映えする商品が業績を長期的に押し上げることが確認されて初めて株価が別

な動きを始めるのである。

　あるいは、いくら環境にいい仕事をしていても、いくら社員に優しいホワイト企業であったとしても、それだけを理由に株価が上昇するようなことはない。確かにそのようなちゃんとした企業のほうがそうでない企業と比べて長期的に見て成長しやすいという傾向は存在するが、それが理由で株価が上がるわけではない。あくまで、成長が前提なのである。

　「じゃあ、長期ってどのくらい？」。そんな疑問が湧いて当然だ。結論から言うと、「3〜5年」である。「1年は成長しそうだが、その先は難しい」と判断されてしまう企業は、ほぼ確実にその先の停滞が株価に反映されるため、たとえ割安であったとしても、株価は上昇してくれない。誰の目にも停滞が明らかになってからでは売るに売れなくなるので、早め早めに多くの投資家が売りに動いてしまうのだ。

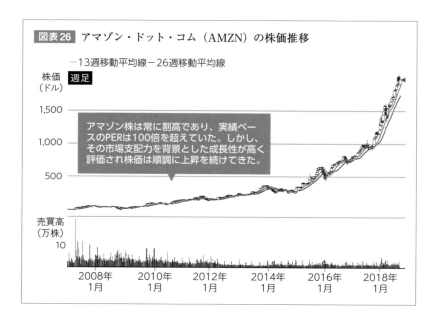

図表26　アマゾン・ドット・コム（AMZN）の株価推移

—13週移動平均線—26週移動平均線

株価
（ドル）

週足

アマゾン株は常に割高であり、実績ベースのPERは100倍を超えていた。しかし、その市場支配力を背景とした成長性が高く評価され株価は順調に上昇を続けてきた。

1,500

1,000

500

売買高
（万株）

10

2008年
1月　　　2010年
1月　　　2012年
1月　　　2014年
1月　　　2016年
1月　　　2018年
1月

その点、3〜5年も成長が期待できる企業は投資家も安心して持ち続けることができる。仮にその先は成長が難しい場合でも、それだけの期間があれば、企業も次の手を打つことができる。

アマゾン（AMZN）を思い出してほしい。最初、アマゾンはネット専業の書店に過ぎなかった。それでも3〜5年は成長が期待できたが、その間に本以外のものも売り始めた。さらにクラウドや動画サービスが始まり、今では世界トップクラスの超巨大企業になったわけだ。

多くの若き成長企業はアマゾンと同じような成長構造を持っている。まず、現業が順調で3年程度の未来までは十分成長が期待できる。さらにその次についても何かしら既に手を打っていて、どっちに転がるかはまだ分からないものの、成長の種を複数用意している。それは海外進出の場合もあるし、品ぞろえの強化の場合もあるし、全くの新事業の場合もある。

私は常にそんな理想的な企業が激安価格で買える機会を探し続けている。

26 大多数とは逆方向を見て、平均回帰を利用する

ピーター・リンチは次のようにも言っている。

「私が何より避けたいのは、超人気産業のなかの超人気会社である。（中略）人気産業を次々と追いかけて投資したりすれば、すぐに生活保護のお世話になるだろう」

私もピーター・リンチに倣って、人気企業ではなく、不人気企業に多く投資してきた。市場ではなかなか話題にも上らない、冴えない企業を買っておくと、時間が経過し実績を積み上げるにしたがって、次

第に市場から正当な評価を受けるようになる。これにより低評価から高評価への変貌による株価上昇が期待できるのである。

　大多数が投資する人気企業には目もくれず、大多数が相手にしない母集団にばかり賭ける行為は、当然のことながら、市場平均からはかけ離れた結果を与える。理屈から言うと、極端に失敗するか、極端に成功するか、そのどちらかの可能性が高まる。

　ただ、既に見向きもされない不人気企業がさらに不人気になる可能性は低く、しかも、実力があって業績が上向いているような状況では、市場平均以上に勝ちを手に入れられる可能性のほうが高くなる。

　反対に長年業績が拡大し、人気が人気を呼び、既にとても高評価を得ている企業への投資は危険だ。人気か業績のいずれか一方、もしくはその両方が突然崩れるリスクが高い。私は、そのような株への投資を避けてきたし、もし保有株がそういう状況になったなら、早めに売却することにしている。

　この戦略がうまくいく根拠は、統計学で言うところの「平均への回帰」だ。平均への回帰とは次のような傾向を指す。

　ある特徴的な集団、例えば、昨年、絶好調だった野球選手や絶好調だった企業、あるいは反対に、前回のテストの成績が普段と比べて極端に振るわなかった絶不調の学生ばかりを集めて、その後の成績や業績を調べると、絶好調だった野球選手や企業は翌年以降、以前ほどの結果を残せないケースが多いのに対し、前回、結果が振るわなかった学生は次のテストで成績を回復させるケースが多い。このように正にせよ負にせよ「一時的に極端な結果を残した集団は、その後の成果が平均値に近づいていくという現象」を、平均への回帰あるいは平均回帰という。つまり、不人気側・不運側に平均値から大きく外れた銘柄ばかりを投資対象とすることで、市場平均以上のパフォーマンスが狙えるのだ。

27 景気に関係なく ひたすら保有する前提で買う

　株式投資を始めると、あなたは嫌でも景気の影響を受けることになる。リーマンショックやコロナショックのようなひどい停滞局面もあれば、アベノミクスやトランプノミクスのような非常に強い景気拡大を経験することもあるはずだ。

　素人考えなら、景気停滞局面に株を買い、景気回復後にそれを売れば儲かると考えるだろう。しかし、成長株というのは、そういう景気の良し悪しとは別の因子、つまり新たな需要の開拓やその企業の内部課題の解決により利益を拡大させるため、長期的な観点で見れば景気にはそれほど大きな影響を受けない。

　そのため、成長株投資においては、景気に関係なくひたすら保有し続けることが前提で構わない。本当に良い株なら、変に景気動向に振り回されずにずっと持ち続けることが結果的に最も高い成果につながるだろう。長期には企業の業績と株価は連動し、企業の成長という大流が株価の大上昇をもたらす主因となる。

　しかし、1〜2年程度の範囲では別の流れの影響を強く受けるために、急上昇期と停滞期を繰り返す。このため成長株投資は時に強い忍耐力を必要とする。5年や10年のスパンで見ればテンバガー（10倍高）になるような大化け株も、時にはマイナス20〜同30%といった株価の急落に見舞われることがある。

　そうすると、「この企業は成長する」と確信していたにもかかわらず、多くの個人投資家は耐えられずに売ってしまう。「早く売らないともっと下がる」と不安になるからだ。急落直後からすぐに上昇するならまだ我慢もできようが、その後に1年にも及ぶような停滞期が続くと、ほとんどの個人投資家は降参してしまう。

　皮肉にも、彼らの行動こそが株価の急落や停滞の原因でもあるため、人々が降参しきった直後から株価は上昇を始める。ピーター・リンチはこのような現象を「捨て去った後の繁栄」と呼んでいる。

　成長株といえども、相場の停滞期には連動する。相場の下落に逆らって逆行高を続ける成長株は非常に少ない。また上昇期に急騰した分、株価の下落幅は大きくなりやすい。多くの個人投資家はここで保有株を手放すという判断に至る。その際に「次の上昇期が始まる前に買い戻せばよい。それまで別の銘柄でひと儲けしよう」という思惑が働くこともあるだろう。

　しかし相場の低迷期には他の銘柄も下がるので、乗り換えても株価の下落に伴う損失を避けるのは難しい。さらに、次の上昇期が始まる前に買い戻すといっても、それがいつ来るかは誰にも分からない。結局、買い戻し損ねて、「あの時、あの株を持ち続けておけば大儲けできたのに」と後悔することになる。リンチはこのような行為を「花を引き抜いて雑草に水をやる」と表現し、素晴らしい成長株を見つけたら簡単には手放してはならないと諭している。

Lesson 7

成長株を
激安価格で買う

バリューエンジニアリング投資法

28 バリュー発生にはパターンがある

　リンチに倣った投資法の肝は、「成長が期待できる企業をひたすら探し、割安さを加味して購入しさえすれば、あとはただじっとしているだけで、アマチュアでも大いに勝てる」という点だ。

　では、どうやって、成長が期待できて、しかも割安な株を見つけることができるのか？

　私は、生産工学の「バリューエンジニアリング」の基本概念を応用して株価が割安になるパターンを説明する方法を考え出した。名付けて「バリューエンジニアリング投資」である。

　生産工学のバリューエンジニアリングでは、機能とコストの関係を改善させることで、バリュー（価値）を高めることができるとする。顧客が製品を購入した際に感じる満足度をバリューとし、単純明快な式によって、定義づけている。

V（バリュー：価値）＝ F（ファンクション：機能）÷ C（コスト：費用）

　私たちは何かモノが欲しいわけではなく、そのモノを通じて満足が欲しいわけである。その満足とは何か？　バリューエンジニアリングはその中心を「機能」と置き、しかしながら、機能がいくら高くてもあまりに値段が高い製品は満足度が下がるため、「費用」と比較することによって、顧客の満足すなわちバリューを高められると結論づけているのである。

　そして、そのバリューを向上させる方法は次の4パターンと説明する。

①同じ機能のものを安いコストで提供する。

②より優れた機能を果たすものを、より安いコストで提供する。

③同じコストで、より優れた機能を持ったものを提供する。

④少々コストは上がるが、さらに優れた機能を持ったものを提供する。

　そして近年、もう1つ顧客の満足を獲得する有効な方法があると考えられるようになった。「⑤機能を最低限に落としながらも、小型化などで使い勝手を良くし、一方で価格を極端に下げることで顧客の満足度を高める」という戦略である。いわゆる破壊的イノベーションである。米ハーバードビジネススクールの教授だったクレイトン・クリステンセンが著書『イノベーションのジレンマ』（翔泳社）で提唱した概念だ。

　私は、会社の仕事でバリューエンジニアリングの方程式と表を初めて見た時、「この考え方は株式投資にそのまま使える！！」というインスピレーションを強く感じた。毎日株のことばかり考えているので、他の何かを見てもすぐ株に結びつけてしまうのである。

　すなわち、機能の部分を「企業の本質的価値」に、コストの部分を「株価」に置き換えることで、株式投資におけるバリューすなわち投資価値を判断できる。私はそう考えて、株式投資におけるバリュー発生パターンをまとめてみた。それは次の通りである。

❶本質的価値は変わらないのに株価が下がった。

❷本質的価値は拡大しているのに株価が下がった。

❸本質的価値は拡大しているのに株価が上がらない。

❹本質的価値は大幅に拡大しているのに、株価の上昇が追いついていない。

❺本質的価値も下がったが、それ以上に株価が下がった。

これらの現象によって、本質的価値に比べて株価が著しく割安な場合、その株を購入してじっと保有し続けていれば、大きなリターンが得られる。それがバリューエンジニアリング投資（以下、VE投資）の考え方である。

図表27 VE投資一覧表

	❶	❷	❸	❹	❺
Ⅰ（本質的価値）	→	↑	↑	↑↑	↓
P（株価）	↓	↓	→	↑	↓↓

❶ 本質的価値は変わらないのに株価が下がった。
❷ 本質的価値は拡大しているのに株価が下がった。
❸ 本質的価値は拡大しているのに株価が上がらない。
❹ 本質的価値は大幅に拡大しているのに、株価の上昇が追いついていない。
❺ 本質的価値も下がったが、それ以上に株価が下がった。

---

29 激安価格で買うチャンスはしばしば訪れる

前述したバリュー発生のパターンについて、「効率的市場仮説」と呼ばれる理論を支持する人は首をかしげるかもしれない。

効率的市場仮説では、株価に影響を与える情報が発表されると、市場はいち早く反応して株価を変動させる。そのため現在の株価には利用可能な情報がすべて反映されている。誰も他の投資家を出し抜く情報を持ち得ず、市場全体の平均的な運用成績を長期的に上回り続けることはできない。つまり本質的価値と株価の関係は次のようになる。

・本質的価値が拡大し、株価も上昇する。

・本質的価値は変わらず、株価も動かない。

・本質的価値が縮小し、株価は下落する。

　株価は本質的価値を反映し続けると考えるのは極めてまっとうな考え方である。確かに効率的市場仮説はおおむね正しく、市場平均を長期にわたって上回ることは難しい。

　ただし、私が30年間株式市場と付き合ってきた経験から言えることが1つある。それは、十分に知識を有した人が個別の企業を注意深く調べていけば、効率的市場仮説とは相いれない、企業の実力に比べて株価が著しく割安な状況に遭遇するチャンスがしばしばあることだ。図表27のVE投資一覧表に現れるような乖離現象を発見した時には、以下の類型パターンの中から、その原因を推定するとよいだろう。

❶株価は連動する。業績は連動しない

　個別株の違いを無視し、全体をパッケージ商品のように扱う投資家が増え過ぎた。そのため、良いも悪いも一緒に上がり、良いも悪いも一緒に下がる現象が頻繁に見受けられる。

　特に大きな下落局面では、損をしたくない人々のパニック売りに加え、資金繰りが悪化したファンドや信用取引をしている個人投資家などから、資金確保のための売りが次々と出る。さらには、そのような苦しい懐事情を狙って、相場操縦的にわざと下落を後押しするような空売りの動きも手伝って、鋭く深い谷が形成される。「損をしたくない」とか「資金確保のため」とか「相場操縦」といった売却動機は、投資先企業の業績とは無関係で、すべて投資家側の事情に起因する。

　リーマンショックであれ、東日本大震災であれ、コロナショックで

あれ、それらの影響をほとんど受けないか、受けたとしても限定的、中には、むしろチャンスが広がる企業も存在するのに、すべて一緒に叩き売られる。ここに大きなチャンスが生まれるのである。

❷本質的価値と人気の不一致

　バリュー投資の祖であるベンジャミン・グレアムは言う。「市場は、短期的には人気投票の結果を表示するが、長期的には価値を評価する仕組みである」。

　株式市場をパッケージ商品のように扱う投資家の他にも、市場をゆがめる大きな原因が存在する。それは、短期トレーダーをはじめとする近視眼的な投機家があまりに増えたことである。

　私が株式投資を始めた30数年前は、今と比べるとずいぶんのんびりしていた。最近株を始めた短期トレーダーが当時にタイムスリップしたら、あまりの遅さに時間が止まって見えるだろう。

　当時はまだ証券取引所に「場立ち」が残っており、顧客から電話で注文を受けた証券会社は、独特の手サインや黒板を使って、人間対人間で売買を成立させていた。手数料も高かったし、そのような仕組みでは、短期トレードというスタイルを取りたくても、少なくとも個人投資家には環境が整っていなかった。当時の私にとって短期的な売買は完全にブラックボックスで、朝注文したものがどうなったかは、夕方証券会社に電話をして確認するような状態だった。

　それが変わり始めたのは、ネット証券が普及し始めた2000年代に入ってからである。場立ちは1999年4月に終了し、売り買いの注文状況を示す板情報は電子化され、ネットで公開されるようになった。

　そのような株式市場の変化を先取りした個人投資家には、大量のチャンスが存在した。資金力のある大口投資家の動きは今と比べると驚くほど分かりやすく、彼らが買い始めたら、追随して買いを入れ、買いを止めたら、先んじて売り抜けるといった単純な提灯戦法が普通に

通用した。

　次々とカリスマ短期トレーダーが誕生し、人々は競って彼らの手法を真似した。その結果、次第に短期トレードは高度化し、複雑化していく。チャンスは薄れ、より実力のあるものだけが生き残るゲームに変身し始めた。リーマンショックの発生した2008年前後には、アルゴリズムを使った超高速の売買が増加し始め、近年ではAIが瞬時の判断で利ザヤを抜いていく。

　さて、ここで考えてほしいのは、企業の業績が、そのように極端に短期的な要因でどうこうなる類のものなのか、ということである。要人の発言や各種統計データ、企業発表のIR情報などを基にした瞬時の判断が、企業の本質的価値を的確に捉えているとは到底思えない。結局、彼らがターゲットとしているのは、不安や恐怖、あるいは強欲や有頂天といった人々の心理状態や、他者の売買動向である。

　「他人がどう思うか？」あるいは「他人がどう動いているか？」を突き詰めると、ベンジャミン・グレアムの言う人気投票に行き着く。個人が自分の意見を無視し、他人の情報にばかり意識を向けると、何かの変化で一方的な動きがどっと起きる。このことを「情報のカスケード」という。短期トレーダーからナイアガラと呼ばれる急激な暴落だ。

　一方でこのような人気投票の裏側ではその逆の動きも存在する。つまり不人気過ぎる銘柄の著しい株価の低迷だ。これもVE投資では狙い目といえる。もし、何らかの理由で行き過ぎた下向きの短期変動があれば、そこに本質的価値と株価の乖離を見出すのである。

❸市場は変化を過大視するか、もしくは無視する

　株式市場は近未来を映す。決して過去ではない。ところが、未来は人々の想像上にしか存在しない。人々の想像には癖があり、すべてを正確に反映することはできない。特に、これまで見たこともない全く

新しい変化が起こった時、市場は極端な反応を示す。世界的なベストセラーである『FACTFULNESS』(ハンス・ロスリング著、日経BP) によると、瞬時に物事を判断する本能に加えて、ドラマチックな物語を求める本能が「ドラマチック過ぎる世界の見方」を生んでいるそうだ (➡64)。

「ドラマチック過ぎる世界の見方」くらい、市場の反応を適切に言い表す言葉はない。昨日まで不人気の冴えない株が、たまたま、新技術なのか、新潮流なのか、とにかく、人々の注目を集める新たな変化の対象となった時、市場はドラマチック過ぎる筋書きを用意し、株価も連続でストップ高になるなど、ドラマチック過ぎる反応を見せる。

しかし当然、企業の業績はそのように極端に好転するものでもなければ、不確実性も多分にはらむため、話題性が失われるとともに株価も下がる運命にある。

一方で、変化の中には、市場はまるで話題にしないが、着実に企業業績にプラスの影響を与えるケースもある。

リーマンショック当時、高速道路やそれに続くバイパスの整備は着々と全国に広がっていた。これに伴って地方を中心に人の動きが大きく変化していたが、株式市場はそれに対してまるで無関心だった。外食店や小売店の勢力図は塗り替えられ、次々と、有望な新興企業株が登場していたにもかかわらず、それらの株価は低迷していた。私はその変化にターゲットを絞り、小売り・外食関連株で、次々と大勝利を収めたのである。

道路整備のように、企業収益に大きな影響を与えるものの、ありきたりで、時間がかかる変化に対しては、株式市場は大した反応を見せない。ドラマチックを求める人々には退屈過ぎるのだ。しかし、退屈で着実な変化こそが、VE投資が求める重要な変化なのである。

❹一時的な業績悪化を市場が過大視する

　成長企業の多くは、潜在需要に対して供給が追い付かない。そのため、販売網や生産設備の整備を急ぐ。併せて、広告宣伝費や人員確保など、様々な先行費用が必要となる。その結果、売上は順調なのに、先行費用がかさんで利益はむしろ悪化することがある。

　しかし、だからといって本質的価値も伸びていないと判断してはいけない。むしろ逆である。翌年以降、それらの先行費用が抑えられ、逆に売上がさらに伸びると、大幅増益であなたを喜ばせてくれることになるだろう。もし、そのような株を既に保有しているのなら、大きく下がったタイミングで諦めて売るようなミスを犯してはいけない。逆にまだその株を買っていないなら大チャンスである。

　つまり、一口に業績悪化といっても、良い業績悪化と悪い業績悪化があるのだ。このような隠れ成長株を探し出すには、ボトムアップ（➡50）で丁寧に探索するしかない。そのコツは、純利益ベースのEPS（➡Lesson8）と株価を比較するだけではなく、売上の変化と株価の比較も併せて実施することである。かなり玄人的で、財務会計やビジネスモデルにも精通する必要はあるが、相場が成熟し、なかなか良い銘柄が見つからなくなった時には、このアプローチを思い出してほしい。

❺相場操縦的な歪みが生じる

　業績は絶好調で、先々も明るいのに株価が低迷している時、空売りや買い集めの影が見え隠れすることがある。空売りを乗せた後、強引に株価を下落させ、それに驚いた投資家の狼狽売りに合わせて買い戻す。そのような一連の動きをAIやアルゴリズムによって、超高速でやりきるケースが考えられる。また、将来性のある銘柄が低迷している時、資金力のある投資家が同様の手口で株価を抑え込みながら買い集めする可能性もあるだろう。

　念のため断っておくが、相場操縦は違法である。しかし、相場操縦と通常の売買の境界線はかなり曖昧である。意図して相場をコントロールしているのか、普通に売買しているだけなのか、それを見分けるのは市場取引をウオッチしている証券取引等監視委員会にとっても、かなり難しいはずだ。

　特にAIやアルゴリズムを使って超高速に売買を繰り返されると、何が何だか分からなくなる。ゆっくりやれば捕まるが、素早くやれば捕まらないというのでは、法秩序は崩壊する恐れがあるが、今、まさにそんな無秩序が発生している可能性があるのだ。そのうち分析ツールか何かができて監視が強化されるかもしれないが、現時点では野放しのように見える。

　もっとも、そんな怪しげな動きが長く続くと業績と株価の乖離は次第にはっきりしてくる。そこを狙うのである。短期トレーダーにとっては、資金力にモノを言わせ、高速売買で株価を意図的に抑え込むような動きはうっとうしい限りだろうが、長期投資家にとってはこんなありがたい話はない。彼らの頑張りを利用して、じっくりと買い集めればよいのである。どんなにしつこい相場操縦も3年も5年も続くことはないだろう。

❻株価トレンドは行き過ぎる

　もう1つ、業績を無視した考え方を確認しておこう。モメンタム投資の根幹的な考え方である「一度トレンドが発生したら、それは長く続く」という見方である。

　モメンタム投資家の多くはテクニカルツールやチャートを利用し、心理的な上げ過ぎや下げ過ぎをとがめながら、上昇トレンドや下降トレンドを追随する。確かに企業の成長や低迷はかなり長期的なトレンドを生むため、株価がそれに追随するという彼らの考え方は一理ある。

しかし、株価の上昇トレンドや下降トレンドは大抵の場合、業績の変化よりもはるかに急激だ。そのため、彼らが淡々とトレンドを追随した結果、割高にせよ、割安にせよ、とんでもない水準まで、乖離を生じさせてしまうことがある。既に業績は回復に向かっていても、「この株は下降トレンドだから」という理由だけで、さらに下げ続けることもある。

　同様に横ばいのトレンドも長続きする。業績は絶好調なのに、「この銘柄は横ばいトレンドだから」という理由だけで、上がろうとする株を抑え込むように売買を繰り返してくれる。

　このような状況は、VE投資においては大変なチャンスだ。

❼流動性リスクが株価を押し下げる

　株式投資には様々なリスクが存在する。一般的には価格変動リスク（株価が下がって損をする）と信用リスク（投資先が倒産するリスク）に大別される。しかし、もう1つ、流動性リスクと呼ばれる、売りたい時に売れないリスクが存在し、多くの投資家が評価を下げる。

　前の2つと後者の違いは、投資先の経営に起因したリスクか、投資先の経営に無関係のリスクかという違いがある。どれほど経営が順調でも、出来高が少なく、売りたい時に売れない株はリスクが高い。だからその分、割安に評価すべきだという考え方だ。

　このリスクは日本を代表するような大型株では問題にならず、小型株で顕著である。ところが、既に成長しきった大型株の多くは成長性が乏しく、まだまだ先が見込める小型株の中にこそ、大型株では考えられないような成長性を秘めたものがある。つまり成長性を重視したVE投資にとっては、狙いの小型株に限って割安に買えるという、ありがたい秩序なのだ。

　あなたの資金力が小さいうちは大した問題にはならないだろう。気にせず小型株を狙っていこう。次第に儲かって資金力がついてきた

　ら、あえて流動性リスクを取って勝負しよう。やや売買にはテクニックが必要になるが、何とかなるはずだ。私の経験で恐縮だが、投資額が1億円を過ぎるくらいまでなら、5〜10銘柄に分散することで、恐らく何とかなるだろう。

　さすがに資金力がそれ以上になってくると、5〜10銘柄に分散しても1銘柄当たりの投資額が数千万円以上になってくる。こうなると、時価総額30億円みたいな小型株はさすがにしんどい。あなたは『会社四季報』に名前を載せる大株主にはなるかもしれないが、上がるも下がるも会社と運命を共にするしかなくなるだろう。

　もっとも、そんな心配は大金持ちになってからすればよい。

図表28 バリュー発生の要因とVE投資のチャンス

❶ 株価は連動する。業績は連動しない
　→個別株の違いを無視する投資家の売りで生じる「鋭く深い谷」はチャンス

❷ 本質的価値と人気の不一致
　→短期トレーダーが引き起こす行き過ぎた下向きの短期変動があれば、そこに本質的価値と株価の乖離を見出す

❸ 市場は変化を過大視するか、もしくは無視する
　→市場はドラマチック過ぎる筋書きを用意するが、退屈で着実な変化こそが、VE投資が求める重要な変化である

❹ 一時的な業績悪化を市場が過大視する
　→一口に業績悪化といっても、良い業績悪化と悪い業績悪化がある

❺ 相場操縦的な歪みが生じる
　→しつこい相場操縦も3年も5年も続くことはない

❻ 株価トレンドは行き過ぎる
　→「下降」「横ばい」などのトレンドがとんでもない水準まで乖離を生じさせることがあり、VE投資のチャンスとなる

❼ 流動性リスクが株価を押し下げる
　→流動性リスクをあえて取る

---

30 「市場は間違う」という観点から攻める

　以上7つのパターンを説明したが、投資経験を積んでいくと、これ以外にも、いろいろ面白い現象を発見することができるだろう。

　VE投資法では、「市場は正しい」という観点からではなく、「市場は間違う」という観点から攻めるのである。

　例えば前項29の❶に注目すれば、暴落直後に買いの勝負を入れるのは効果的と考えられる。リーマンショックやコロナショックなど、株価が大暴落し、人々が株を手放している最中に、私はむしろ目を皿のようにして、有望株探しに専念した。暴落時には、人々の理性的な判断は失われ、場合によってはパニックを起こし、市場の適正な価格形成機能が一時的に失われる。そのため、そこら中で普段ではあり得ないバーゲン価格が出現する。　プロが運用する投資ファンドがパフォーマンスを落とすのは決まってこういう時である。

　決してプロの方々の能力が低いと言いたいわけではない。プロの目からも当然「買い」と映っている状況だろう。ところが、不安のあまり、客であるファンド購入者からの解約が相次ぐし、そのファンドが借り入れを使ってレバレッジを効かしている場合は、資金確保の観点から保有株を売却せざるを得なくなるため、本当は「買いだ」と判断していても売らざるを得ない状況に陥ってしまうのである。

　パニックにせよ、レバレッジの解消にせよ、大多数が売りに動いている時に買い向かう行為が有効なのは、平均回帰という現象（➡26）から説明がつく。そのような極端な状況の後には、普段通りの未来がやってくる可能性のほうが高いのだ。

　このような考え方はピーター・リンチも提唱しているが、私はジョ

ン・テンプルトンの影響を強く受けている。相場格言にもなっている、彼の有名な言葉をいつも思い出し、恐怖を克服しながら買い向かってきた。

　「強気相場は悲観の中で生まれ、懐疑の中で育ち、楽観とともに成熟し、陶酔のなかで消えていく。悲観の極みは最高の買い時であり、楽観の極みは最高の売り時である」(『テンプルトン卿の流儀』パンローリング)

　前項29の❹のように、何かしらの原因で一時的に業績を悪化させているケースも、平均回帰の観点からチャンスが存在する。一時的にアンラッキーに見舞われた銘柄は、その後もアンラッキーが続く可能性より、前よりマシになる可能性のほうが高いと考えるのだ。この考えもジョン・テンプルトンから学んだ。

　「皆、私に見通しが有望な銘柄はどれかと聞く。だがその質問は間違っている。本当は、見通しが一番暗い銘柄を聞かなければならないのだ」(同)

　人気株ばかりを追いかけて短期トレードを繰り返している人が読むと、「何を言ってるんだ?」と首をかしげたくなるだろう。「見通しの良い銘柄ではなくて、見通しの悪い銘柄が上がるなんて」。この逆説的な発想は人間の直感に反する。そのため、多くの個人投資家は、実力ある人気企業がさらに業績を伸ばし、人気を維持し、業績が拡大し続けるほうに賭けるのである。

　もちろん、アマゾンやアップルのように、長期にわたって人気に実力で応え続ける企業もあるが、ほとんどのケースでは、その逆となる。ある日突然悪いニュースが流れ、人気は離散し、株価は暴落する。大多数と動きを合わせてしまうと、この動きの繰り返しとなり、パフォーマンスは平均並みかそれ以下になってしまう。

Lesson 8

バリュー分析の
ポイント

EPS と PER を評価する

31 本質的価値を決める2つの 因子をはじき出す

　株価が著しく割安な成長株を買うとして、それをどうやって探り当てるのか？　ここで注目すべきはEPSとPERである。

　EPSは、その企業の株数（発行済株式数）で当期純利益を割った金額である。例えば株数が2億株、当期純利益が100億円であれば、EPSは50円である。

　EPSは企業の努力によって変化し、業績が拡大するとともに増大し、業績が悪化するとともに縮小する。昨年のEPSが100円だったものが、今年120円に増加し、さらに来年は150円と元の100円と比べて50％増加すれば、仮にPERが12倍前後のまま推移した場合、株価も50％程度の上昇が期待できる。

　PERは株価をEPSで割った値であり、株価の妥当性、つまり割安か割高かをはかる物差しである（➡35）。PERは「株式時価総額が当期純利益の何倍にあたるか」を示す指標でもある。

　PERは将来の成長期待や市場からの評価といった人々の期待の大きさを表す。通常、この数字が30倍とか40倍といった大きな値だと、それだけ人々の期待は大きく、8倍とか5倍という小さな値だと、それだけ人々の期待が小さいと判断する。

　株価はEPS×PERという単純な数式で表すことができる。例えば、株価が1200円であったなら、EPS100円×PER12倍とか、EPS60円×PER20倍といった具合に株価をEPSとPERの2つに因数分解できるのである。

　ということは、本質的価値も2つの因子から決まり、株価が本質的価値から乖離して割安になる要因も2つに分けることができる。

株価 = EPS × PER

EPS（Earnings Per Share、1株当たり当期純利益）
＝当期純利益÷株数

PER（Price Earnings Ratio、株価収益率）
＝株価÷EPS

株価はEPS×PERという数式で表すことができる。例えば、株価が1200円であったなら、EPS100円×PER12倍とか、EPS60円×PER20倍といった具合に、株価をEPSとPERの2つに因数分解できるのである。

EPSは、その企業の株数（発行済株式数）で当期純利益を割った金額である。例えば株数が2億株、当期純利益が100億円であれば、EPSは50円である。

PERは、株価をEPSで割った値といえるが、「株式時価総額が当期純利益の何倍にあたるか」を示す指標とも言える。これは将来の成長期待や市場からの評価といった人々の期待の大きさを表す。

実力値ベースのEPS

　1つはEPSがぶれている可能性である。利益の実績値や会社予想値が、その企業の本当の実力を反映しているとは限らない。一時的な要因やバイアスなどで短期的な利益水準と実力値が一致しない可能性がある。それを取り払った「実力値ベースの予想EPS」は、会社予想EPSや専門家予想EPSより高いかもしれず、そこに株価上昇の可能性が秘められている。

　本来、EPSが拡大すれば株価も上昇し、EPSが低下すれば株価も下落する。この2つは長期的には同じ方向に動く関係にある。ところが、短期的には様々な理由からそうはならない。株価とEPSの連動

が外れ、そこに乖離が発生した時、その後、平均回帰に伴う株価の上昇が狙えるのである。

　人気が離散したにせよ、大暴落に巻き込まれたにせよ、業績さえ拡大していたら、株価の下落や停滞はバリュー発生を意味し、お買い得になるという考えを頭に叩き込んでもらいたい。株価だけ追いかけるから、下がると悲しくなり、上がると有頂天になる。そのレベルからは卒業しよう。

あるべきPER

　もう1つはPERのぶれだ。投資家の期待感などによって上下するPERは個別企業の実力が反映されるべきものだが、様々な事情により低い水準にとどまっている可能性がある。しかし、何らかのタイミングで多くの投資家が過小評価に気付いた場合、予想PERはぐんと高まるため、ここに株価上昇の可能性が存在する。つまり、その企業の「あるべきPER」に合わせて株価は見直される。

2つの掛け算で上昇する可能性

　つまり、「実力値ベースの予想EPS」と「あるべきPER」が高ければ、株価はその掛け算となって大きく上昇する可能性がある。例えば、Lesson 3で紹介したアークランドサービスホールディングス（3085）は、7年がかりでEPSを4倍以上に拡大し、さらに割安さの解消が株価を押し上げて、底値から20倍という大上昇を演じた。

　したがって、あなたがやるべきは、あなたが考える限り正確な、実力値ベースの予想EPSを算出すること。それと、売上やコストが今後どう変化しそうか、あなたなりに将来性を予想し、それに見合った適切なPERをはじき出すことである。

　図表31は、前出のVE投資一覧表を手直しして、「本質的価値」を「EPSの変化」に置き換えたものである。また、「予想PER」を記入

実力値ベースの予想EPS

売却した土地の収益や地震による損失など一時的な損益要因、例年この企業が出す予想EPSは控えめなのか強気なのかといったバイアスなど、長期的な実力とは無関係なノイズを除去し、あなたが考える限り正確な、実力値ベースの予想EPSを算出する。

あるべきPER

もし膨大な人々の適切な評価を受ければ、妥当だと判定されるであろう、将来性を加味した評価水準。ビジネスの仕組みや販売商品の特性、市場の大きさや経営者の目指す方向性などから、売上やコストが今後どう変化しそうか、あなたなりに将来性を予想し、それに見合った適切なPERをはじき出す。

株価＝PER×EPSなので、この2つの因子の掛け算で株価上昇の可能性がある

図表31　VE投資一覧表（実用版）

	❶	❷	❸	❹	❺
EPSの変化	→	↑	↑	↑↑	↓
株価の変化	↓	↓	→	↑	↓↓
予想PER					

❶ EPSは変わらないのに株価が下がった。
❷ EPSは拡大しているのに株価が下がった。
❸ EPSは拡大しているのに株価が上がらない。
❹ EPSは大幅に拡大しているのに、株価の上昇が追いついていない。
❺ EPSも下がったが、それ以上に株価が下がった。

する欄を設けた。バリュー発生の可能性は、この表を基にして考えて
いくとよい。

　まず、EPSと株価の変動を同時に比較できれば、少なくとも、バリ
ューが拡大傾向か、縮小傾向なのかが分かる。

　EPSが拡大しているにもかかわらず、株価が下落する現象が発生
した場合、少なくとも、以前か今のいずれかの時点で（もしくは両方
とも）本質的価値と株価に乖離が発生している可能性が高い。以前の
株価が正しい水準だったとすれば、バリューは拡大していると考えら
れるし、今の株価水準が正しいとすれば、以前の株価が高過ぎたとい
える。

　この場合、前者なら投資対象として候補に挙がるが、後者なら対象
外として処理しなければならない。そこで、併せて現時点での予想
PERを確認する作業が必要となる。

　仮に、現時点での予想PERが10倍と全体平均の15倍（➡35）を大
きく下回っているとしたら、絶対値としても割安な可能性があるし、
過去との比較からもバリューが拡大していると推察される。逆に株価
が大きく下がったにもかかわらず、PERが30倍だとしたら、過去に
とんでもない過大評価を受けていただけで、今でも過大評価されてい
る可能性が残る。

　ここで「推察」とか「可能性」と表現する理由は、既に説明した通
り、PERには個別株の将来予想が反映されるため、過去情報だけか
ら判断することはできないからだ。さらに深い調査（➡Lesson4、
Lesson11）が必要となる。

32 売上とコストに影響する情報だけを収集し、ノイズを除去する

　株価に絶対的に影響を与える利益は、利益＝売上－コストという極めて単純な式で表すことができる。だったら、EPSを評価するにあたっての有効な情報とは、究極的には、「売上にどう影響するか？」「コストにどう影響するか？」の2つで十分である。それ以外の情報は有効情報とは言えない。売上とコストに影響を与える情報だけを効率的に調べるべきなのだ。

　あなたがやるべきは、売上とコストに関する情報を集め、たまたま今期売却した土地の収益だとか、たまたま発生した地震による損失だとか、あるいは例年この企業が出す予想EPSは控えめなのか強気なのかといったバイアスなど、この企業が本来持つ長期的な実力とは無関係なノイズを除去し、将来のEPSを予想することである。

　例えば、「8月に発表された第1四半期決算がとても良いにもかかわらず、株価が上がらない。これはVE投資一覧表の『EPS↑株価→』のパターンに違いない。早速株を買おう」というように、単発の業績変化だけを見て判断してはならない。たまたま大型の受注があったとか、不動産を売却したとか、一時的な要因によって利益が拡大しただけで、長期的な実力はなんら変わっていない場合があるからだ。その場合、株価は上がらなくて当然だし、もし、上がったとしてもすぐ元の水準に戻ってしまう。

　逆に、EPSと株価は連動しているものの、企業本来の実力と株価が一致しないケースもある。一時的につまずいたからと言って、その企業の実力まで失われたわけではない。より高い成長を目指すために不要な資産や低迷するビジネスを整理した結果、一時的にEPSが悪化してしまう場合などは、短期的なEPSの悪化はむしろ長期的な収益

改善につながる。にもかかわらずEPSと連動して下落した株をうまく見つけることができれば、大きな株価上昇が狙えるだろう。

　企業の実力と無関係な一時的な業績変化を見極めるには、決算書の数字を何期分も並べてみて、長期的な成長傾向をつかむことが大事だ。その長期成長傾向と株価の不一致を探すのである。最近は「株探」などの有料サイトで簡単に長期的な損益変化を確認することができるので、それであたりをつけて、最終的には、その企業の決算説明資料や有価証券報告書などでその原因を確認するとよいだろう。手間はかかるのだが、何期分も決算短信を調べて、決算データをエクセルに入力しながら、最終チェックと腹決めをするのが私のやり方だ。

33　情報は「特有情報」と「一般情報」という2つの切り口で整理する

　売上とコストを予想する上での情報に関しては、特有情報と一般情報という2つの切り口で整理するのが有効だ。まとめると図表32のようになる。

　特有情報とは、その企業や製品、サービスについて特有の意味を持つ情報である。一般情報とは、多くの企業や製品、サービスで活用することができる情報である。

　勘違いするかもしれないので念のために付け加えるが、新聞やテレビなどのマスコミ情報が一般情報で、あなたが街中で発見した情報は特有情報だと言っているわけではない。新聞の情報の中にも、個別企業にしか影響のない特有情報が含まれる。情報の発生元ではなく、利用の観点からの分類である。

　先ほど紹介した効率的市場仮説（➡29）は、世界中のあらゆる情報は、血眼になって投資機会を探っている膨大な投資家の判断によっ

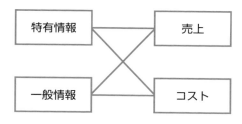

図表32 特有情報と一般情報

```
┌─────────┐        ┌─────────┐
│ 特有情報 │────┐┌───│  売上   │
└─────────┘    ╳   └─────────┘
┌─────────┐   ┌┘└┐   ┌─────────┐
│ 一般情報 │───┘  └───│  コスト  │
└─────────┘        └─────────┘
```

主な特有情報と収集先
・業界情報…日経産業新聞、日経MJ、業界専門紙・専門サイト、白書
・事業内容…会社四季報、企業HP、就職サイト、投資イベント
・決算情報…決算短信、有価証券報告書、証券会社HP、投資専門サイト
・製品情報…アマゾン、店舗、企業サイト、専門誌・専門サイト、オタ
　クの友人、家族
・経営者情報…企業HP、就職サイト、取材記事、投資イベント、株主総
　会

主な一般情報と収集先
・景気動向…新聞、投資専門サイト、証券会社HP、取引先の愚痴、タク
　シー運転手
・為替、金利…証券会社HP、投資専門サイト、新聞、ニュース
・原油、不動産、人件費…各種専門紙・サイト、政府発表、新聞、
　ニュース

て、瞬時に株価に反映されるという考え方だ。しかし、この仮説は大きな問題を抱えている。特有情報と一般情報を混同しているのだ。

　確かに幅広く経済に影響を及ぼす一般情報の多くは、あっという間に世界中に広がり、株価に反映される。

　しかし、特有情報に関しては、徐々に広がりを見せるし、それがどういう意味合いを持つのかを正しく判断するのにも時間を要する。そのため、特有情報がもたらす本質的価値の変化を反映させるのに、市場はやや時間を用意してくれる。あまりにゆっくりではチャンスを逃

すかもしれないが、パソコン画面に張り付かないと投資機会を失うという類のものではない。

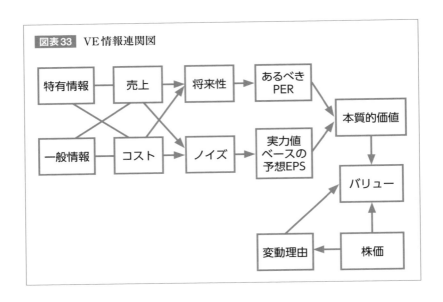

図表33 VE情報連関図

34 EPSは「3〜5年先」くらいの幅を持たせて予想する

EPSを予想するのにはコツがある。3〜5年先くらいの範囲を設定し、「恐らくこのくらいの業績を叩き出せるだろう」といった、かなり幅を持たせた予想をするほうが勝ちを手にしやすい。

市場の参加者は数か月から長くても3年程度先の「近未来」の業績を予想しながら、企業価値を判断している（➡19）。大半の投資家は1年以内に焦点を合わせるがゆえに、3〜5年先に対してはまるでピントが合っていない。仮にあなただけがその先の3〜5年程度先を予

想することができたら、その差をキャピタルゲインの形で手にすることができるだろう。

「どうすればそんなことができるのか？」と思われる方も多いだろう。実践するのは昔ながらのとてもオーソドックスな手法である。企業の決算書を読み込み、中期経営計画や決算説明会のプレゼンテーションを確認し、その企業の製品やサービスを実際に購入して利用してみる。株主総会や企業説明会で経営者に会う。インターネットや雑誌で業界情報や専門情報を調べる。

重要なのは、誰よりも投資対象の企業を深く知ろうとする努力だ。多くの投資家は企業ではなく、明日の為替の見通しや大口投資家の動き、はやりの新技術でド派手に上昇している人気銘柄の株価に目を奪われやすい。そうした中で、自分だけは得意分野を中心に隠れた実力企業を淡々と探し、分析を深めていく。市場からはまるで注目されていないが、自分にとって最高のお宝銘柄に巡り合えるだろう。あとはその株を買ってじっとしているだけでよい。いつか時代があなたに追い付き、その企業の実力が高く評価された時にあなたの財産は数倍になっている。

例えば、非常に競争力のある企業が1年半後に大型工場を立ち上げ、3年後には売上が2倍になる計画を立てているものの、目先は大した伸びが見込めないうえ、大型工場の立ち上げにコストがかかり、冴えない業績予想を出しているといったケースだ。この場合、市場が目先の業績低迷を理由に低評価を下していたとしても、3〜5年後の売上倍増に8割方の確信を持つこともできるだろう。

もちろん、そのためには生産が2倍になってもそれだけのニーズが存在するかどうかなど様々な予想をする必要はあるのだが、幸いにも株式市場の参加者の大半はそこまでの予想をしようともしない。そんな面倒なことをして、ずいぶん先で儲かる方法を考えるくらいなら、もっと手っ取り早く、短期間に儲ける方法を考えるからだ。

　ちなみに3〜5年と幅を持たせるのは、例えば、先ほどの例でいけ
ば、工場の立ち上げには成功したものの急な供給拡大に販売体制が整
わないとか、逆に販売体制は万全なのに工場の初期トラブルでなかな
か生産が上がらないなどの問題は往々にして起こり得るからだ。

　未来は不確実性に満ちている。「きっとこうなる」と予想していて
も、景気や金利、突発的な天変地異や戦争の影響を受けたり、あるい
は主力商品の相場変動や突然の強力なライバルの出現など、未来予測
の前提条件は日々変化し続けている。その企業の事業計画では、3年
後の売上倍増を予想していたとしても、少々は余裕を見たほうがよ
い。そうすることで、むしろ成功確率を高めることも可能となる。

　3年後の予想が外れたとしても、その2年後に様々な問題を克服し、
売上が倍になって株価も倍になってくれるなら、それはそれで構わな
い。そんな余裕と割り切りが必要なのである。

35 PERは「平均」だけでなく「個別事情」を考慮する

　一般的なバリュー投資ではPERを使いこなすことが重要なポイン
トとなるのだが、それをさらに深めていくことがVE投資の奥義とい
える。個別株の株価をそのまま比較しても何も見えてこないが、PER
を使えばすべての個別株を同じ尺度で比較できる。

　例えばトヨタ自動車（7203）の2018年3月期のEPSは168円（その
後の株式分割をふまえて修正）、2019年1月4日終値は1269円（同）
だった。PER＝1269円÷168円＝7.5倍ということになる。

　これに対し、2019年1月4日、東証1部に上場するすべての企業の
PER平均（単純平均）は15.4倍だった。ということは、その時点で
トヨタ自動車のPERは東証1部平均のPERをはるかに下回っていた。

　なぜ、トヨタと上場企業全体のPERに大差がついたのか？　これについてはトヨタ株の個別事情が反映されている。通常、PERに差がつく理由は、将来に対する長期的な見方、つまり将来性が反映されているからだ。今は自動車が売れているが、景気後退局面が来れば、売れ行きが落ち込むはずだ。だからその分は割り引いて評価しなければいけない。さらに自動運転やEV（電気自動車）の普及が進めば、これまでのトヨタの強みが生かせなくなるかもしれない。今までのように世界市場で勝ち続けるのは難しいのではないか？　そんな長期的かつ悲観的な見方がPERを押し下げる。

　ところがトヨタ株はその後上昇し、2023年8月末の終値は2515円になった。2023年3月期のEPS179円を基にしたPERは14.0倍となる。2019年1月に比べるとPERは2倍近くも上昇したのである。人々のトヨタに対する見方が変わり、将来への期待感が高まったということだろう。PERの水準はこのように変化していく。

　東証上場企業の平均PERの推移を見ると、2011年以降は最低でも15倍程度の水準をキープしている（図表35）。この15倍という数字は日本株全体の基準値と考えてもよいかもしれない。

　図表36は2023年8月時点の業種別実績PERである。これを見ると、紘業や石油・石炭、鉄鋼、銀行などのPERが10倍を切っている。国

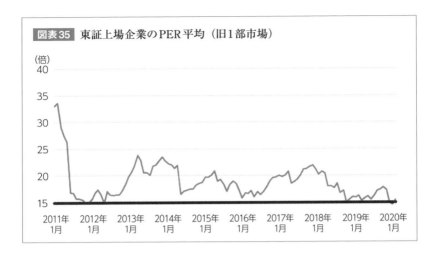

図表35 東証上場企業のPER平均（旧1部市場）

（倍）

内人口減少や業界の大変動、あるいは環境意識の高まりなどを背景に、成長が期待できない、もしくはリスクが高いと判断されているのだろう。一方、需要が安定している食料品や医薬品、小売などはリスクが低いと判断され、PERは高い。また、電気機器や情報・通信については、恐らくリスクが低いというよりも成長性が強く反映されているのだろう。PERは20倍前後と高い評価を受けている。

　しかし、PERの正解は誰にも分からない。投資家の期待は高まったり薄れたりする。図表36のように、過去の実績から、「この業種のPERはこのくらい」と計算することは可能だが、実際には個々の企業によって成長期待などに差があるので、こうした業界平均が正解とは限らない。

　時々、業種内でのPER比較だけをして、「私の投資先は情報通信業なのにPERは10倍と割安だ」とか「建設業なのにPERは20倍で割高だ」などと単純比較する人を見かけるが、情報通信業でも経営やビジネスモデルが悪く、苦戦が予想されるケースもあるし、建設業といえども、最新のテクノロジーや人々の行動変容をいち早く事業に取り入

図表36 業種別実績PER（東証プライム市場、2023年8月）

総合	16.0
水産・農林業	12.4
鉱業	4.2
建設業	14.7
食料品	27.4
繊維製品	19.7
パルプ・紙	28.8
化学	15.2
医薬品	23.2
石油・石炭製品	6.4
ゴム製品	12.8
ガラス・土石製品	18.5
鉄鋼	7.8
非鉄金属	12.2
金属製品	15.4
機械	16.7
電気機器	19.8
輸送用機器	17.0
精密機器	11.7
その他製品	15.5
電気・ガス業	34.6
陸運業	15.9
海運業	2.2
空運業	23.9
倉庫・運輸関連業	10.0
情報・通信業	25.4
卸売業	11.1
小売業	23.8
銀行業	8.3
証券、商品先物取引業	12.7
保険業	22.6
その他金融業	11.8
不動産業	11.6
サービス業	19.7

れ、急成長を遂げるケースもある。

　重要なことは、個々の企業のリスクや成長といった将来性である。

　ただ、業界特有の共通のリスクが存在するのは事実だ。新型コロナウイルスの蔓延により、旅行業や空運業は経営スタイルの差に関係なく、直撃を喰らった。業界特有の要因は考慮に入れながらも、さらに個別企業の実力を推し量る力が必要になる。

36 複数の要因を考慮して、あなた自身で予想する

　皆さんが投資情報として目にするPERは、大きく分けて2種類ある。1つは、株価を直前の決算期に稼ぎ出した1株当たり当期純利益の実績値（実績EPS）で割って求めるもの。これを実績PERと言う。もう1つは、その会社が現在進行中の決算期（今期）に稼ぎ出すと予想される1株当たり当期純利益（予想EPS）で割って求めるもの。これを予想PERと言う。株式投資家は常に、過去よりも、未来を見ながら、妥当な株価の算定に明け暮れている。そのため株価が割安かどうかの判定によく使われるのは予想PERである。

　そして予想PERは、予想者によって、さらに大きく3つに分類できる。まとめると、図表37の通りである。

　①会社予想PERだが、これは上場企業の大半が、決算発表時やその前後に今期の売上や利益などの予想値を開示するので、その会社予想EPSを根拠に算出するPERである。

　「会社予想EPSの的中率は高いのか？」と言われると、正直のところ、そうともいえない。理由は少なくとも2つある。1つには、その会社の経営陣が株主などのステークホルダーに忖度して、控えめ、あるいは強気の数字を出すというバイアスがかかるから。もう1つに

実績PER：
直前期の実績EPSを基に計算

予想PER：
今後の決算期の予想EPSを基に計算。予想者によって以下に分類される

①会社予想PER：その会社の今期予想EPSを基に計算
②専門家予想PER：専門家が予想したEPSを基に計算
③あなた予想PER：あなたが予想したEPSを基に計算

は、そもそも経営陣ですら自社の1年後の業績を予想するのは非常に難しいからである。

　②専門家予想PERだが、これは証券会社や資産運用会社などのアナリストが当該企業の忖度バイアスなどを修正し、日々変動する為替や景気などをリアルタイムに反映することで、より現実に即して予想したPERである。

　しかし、専門家は専門家でその立場上のバイアスがかかる。まず、アナリストと呼ばれる専門家の多くは銀行や証券会社といった金融グループに所属している。そのため、グループ会社の意向を忖度せざるを得ない。証券会社である親会社が株式市場を盛り上げようと尽力している最中に、ネガティブなレポートは出しにくいだろう。また、親会社の重要な取引先や保有株についても同様の忖度が必要となる。そんな事情が存在する。

　もう1つの注意点は、アナリストの本気度や力量に数字が左右される点にある。専門家集団といっても、4000社近い国内上場企業のすべてを全力で分析するのはコストがかかり過ぎる。投資信託の中には時価総額の小さ過ぎる企業の株は買わない方針を打ち出しているケースも多い。そういう企業の株をわざわざ調べてレポートを公表する動機は薄い。

　結局のところ、プロの予想だからといってその数字を鵜呑みにするわけにはいかないし、そもそもプロからまともに評価してもらえない企業も存在する。

　そこで、③あなた予想PERの出番である。プロが相手にしないような、あるいは、いかにも忖度バイアスがかかっていそうな小型株や不人気株の中から、堅実で成長性の高い企業を探し出し、あなたならではの予想のもとに、今年度と言わず、来年度、再来年度までの業績を予想し直し、そのEPSを根拠にPERをはじき出すのである。その数字が平均と比べて著しく割安な場合に投資を実行する。これが本来のバリュー投資である。

　「でも、株式投資のズブの素人である私にそんなことができるだろうか？」。そう心配になる方もいらっしゃるだろう。これについては、「難易度は中級だが、リターンは想像以上に大きい」というのが私の率直な感想である。

　あなた自身でPERを予想する上では、PERに影響を与える要因を頭に入れておくことが欠かせない。繰り返しになるところもあるが、予想PERにどういう要因が織り込まれているか、ポイントを整理しておこう。

❶リスク

　1つ目の要因はリスクだ。リスクの大きさは、経営スタイルや業

種、ビジネスモデルなどの影響によって企業ごとに異なり、それが予想PERの差となって現われる。その結果として、「リスクが高い」と判断されている企業の予想PERは低くなり、「リスクが低い」と判断されている企業の予想PERは高くなる。

「リスクが高い」と判断される企業は、為替や市況の変動、政策の変更などの影響を受けやすい会社や、過去に何度も不祥事を起こして社会的な信頼を失っている会社などだ。例えば為替の影響を受けやすい業種としては、海運や石油、自動車などが挙げられる。

一方、「リスクが低い」とされる企業の代表は、為替や市況の変動に影響されにくい内需主体の会社である。景気の動向にかかわらず商品の需要が安定している食品会社や日用品メーカー、製薬会社などが当てはまる。景気変動の影響が少ないことから、これらの業種の株は、「ディフェンシブ銘柄」と呼ばれる。

このように外部環境の影響度や企業独自のリスク特性によって予想PERの適正水準が異なるので、適正な株価水準を推定するには、同業他社との比較やビジネスモデルの分析を行う必要がある。

❷成長率

次に知っておくべき2つ目の要因は成長率だ。高い利益成長が期待される企業の予想PERは高くなり、衰退が予想される企業の予想PERは低くなる。

ここで要注意なのは、高成長企業の予想PERの見方だ。上場企業が公表する業績予想は今期の決算分だけだが、成長株の場合は2〜3年程度先の成長が現在の株価に織り込まれていることが多い。実績PERや今期の予想EPSで算出した予想PERで見れば割高に思われる株価も、2〜3年後の予想EPSで求めた予想PERで見れば割高とはいえない場合も多いのだ。

図表38は、現在の株価が1000円の成長株の利益成長が今後3年間

一定で推移するという前提で、年間の利益成長率が10％から100％までのケースごとの今後3年間のEPSの推移と、3年後の予想EPSで現在株価を除して算出した予想PERを並べたものだ。成長率100％のケースでは、実績PERが100倍で超割高に見えても、今後3年間100％の利益成長を継続できれば、3年後の予想EPSで現在の株価を除して求めた予想PERは12.5倍と決して割高ではなくなる。

❸収益性

3つ目の要因は企業の収益性だ。Lesson5で企業の収益が極端に悪化した場合、株式市場は株価の根拠を企業の保有する純資産の価値に求めるという原理を紹介した。この場合に使う株価指標は、現在の株

| 図表38 | 実績PERでは割高に見えても、成長率と実績PERが同程度なら割高とは限らない | | | | | | |

現在の株価（円）	成長率（％）	実績PER（倍）	EPS				3年後のEPSで現在株価を除して求めた予想PER（倍）
			直近（円）	1年後（円）	2年後（円）	3年後（円）	
1000	10	10	100	110	121	133	7.5
1000	20	20	50	60	72	86	11.6
1000	30	30	33	43	56	73	13.7
1000	40	40	25	35	49	69	14.6
1000	50	50	20	30	45	68	14.8
1000	60	60	17	27	43	68	14.6
1000	70	70	14	24	41	70	14.2
1000	80	80	13	23	41	73	13.7
1000	90	90	11	21	40	76	13.1
1000	100	100	10	20	40	80	12.5

価を1株当たり純資産で除して求めるPBR（株価純資産倍率）になる。収益の極端な悪化に伴って予想EPSが著しく減少して、仮に予想PERが50倍に跳ね上がっても、PBRが0.5倍と非常に低ければ、現在の株価は割安と判断できるだろう。

　株価の水準を予想PERとPBRのどちらで判定すべきかを考えるうえでは、予想ROE（自己資本利益率）を使うとよい。

　図表39のグラフはニッセイ基礎研究所が調査した2005年1月〜2017年7月までの各月の日経平均株価のPBRと予想ROEの関係を表したものだ。予想ROEが8％以下ではPBRは1倍前後で推移し、予想ROEが8％を超えるとPBRは上昇することが見て取れる。このことから、収益性が極端に低くPBRで株価の水準を判定したほうがよい目安の1つは予想ROE8％以下といえる。

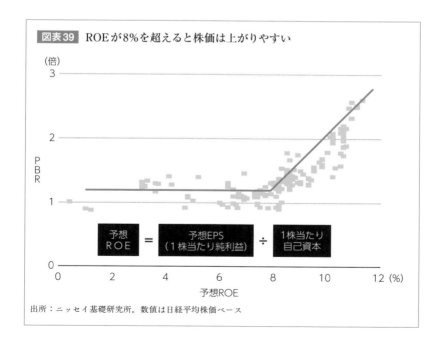

図表39　ROEが8％を超えると株価は上がりやすい

出所：ニッセイ基礎研究所。数値は日経平均株価ベース

　なお、PBRとROEには、PBR＝ROE×PERという関係式が成り立つ。ROEが8％以下でPBRが一定ということは、ROEが低ければ低いほどPERは必然的に高くなることを意味する。このことも覚えておこう。

❹予想の傾向

　4つ目の要因は、上場企業が公表する業績予想には少々バイアスがかかっている点だ。例えば、経営の厳しい企業の中には少しでも株価を高めに維持するため、とても高い予想を公表して、投資家の期待を高めようとするケースがある。実際に達成される可能性は低く、その予想を根拠に投資してもまず儲からない。逆に保守的な企業の中には、業績予想を低めに出すケースもある。こうした企業は年度の後半に業績の上方修正を連発し、株価が上昇することが多い。

　余裕があれば過去の業績予想と実績を比較して、保守的な業績予想と挑戦的な業績予想のどちらを出す傾向が強いのかを確かめる習慣を持つとよい。

❺一時的な要因

　最後の5つ目の要因として、当期限りの一時的な収益変化に注意しよう。例えば、含み益のある遊休資産の売却計画があり、今期だけ大幅な純利益の増加が見込まれるようなケースだ。この場合は一時的に予想PERが低くなる。

　逆に過去の負の遺産を償却するなどして、今期限りの特別損失が出る場合には一時的に予想PERが高くなる。この場合は、長期的に見れば企業価値に与える影響は小さい。株式市場がこのような一時的な要因を近視眼的に業績悪化と捉えて株価が下落したら、投資のチャンスとみてよいだろう。

　予想PERを見る際の5つのポイントを図表40にまとめたので、参

考にしてほしい。予想PERの高低だけではなくその要因にまで踏み込んで分析する。それでも株価が割安と判断できる場合にのみ投資を実行するようにしたい。

図表40 予想PERを見る際の5つのポイント	
企業独自のリスク要因	● リスク大＝低PER ● リスク小＝高PER
2〜3年分の利益成長	● 成長大＝高PER ● 成長小＝低PER
純資産価値との比較	収益性小の場合、 高PERとなることがある
経営者バイアスの検討	● 挑戦的予想＝低PER ● 保守的予想＝高PER
一時的な損益を差し引く	● 一時的な利益＝低PER ● 一時的な損失＝高PER

Lesson 9

リターンの向上

バリューエンジニアリング投資の
5原則

37 2倍高以上を狙える株のみを買う

　VE投資法では、株価の上昇要因を「利益成長」と「割安さの解消」の2つに絞り、両面から合理的な計算により、2倍高以上が狙える株のみを買うようにする。

　「2倍高ですって！！　そんなに儲かったら、もちろん超うれしいけど、そんな大化け株、私に見つけられるかしら」

　そんな心配は必要ない。ヤフーファイナンスなどで、様々な企業の、過去10年ほどの株価チャートを調べるとよい。上がり出すと3〜5年で2倍高になった株なんて、いくらでも見つけることができる。すごく上がった株なら10倍高なんていうのも、簡単に見つけられるはずだ。株というものは、そのくらいの変動幅で動くということをしっかりと認識したい。

　図表41を見てほしい。このグラフは1980年から2020年までの40年間について、その年の最安値で株を買うことができれば、その後10年以内に5倍高（ファイブバガー）になった銘柄や10倍高（テンバガー）になった銘柄が全体のどのくらいの割合に達したかを表したものである。

　これを見ると、例えば2008年から2012年までの5年間については、その年の最安値で株を買うことができれば、40〜50％もの割合でその後10年以内に5倍高を達成していることが分かる。さらにいうと全体の15〜20％が10年以内に10倍高を達成している。

　もちろん、その年の最安値で株を買うのは極めて難しいし、最高値で売り抜けるのも極めて難しい。しかし、5倍高を達成したということは、最安値から25％高く買って、最高値より25％安く売ったとしても、3倍高以上が取れたことを意味する。同じ条件で10倍高の株を

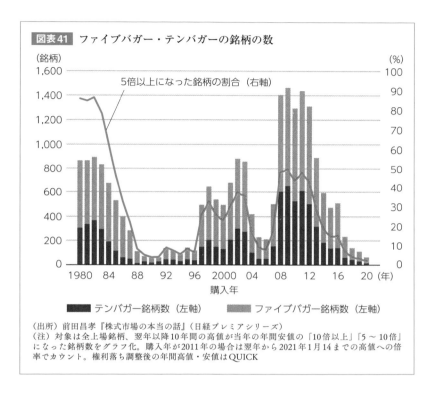

図表41 ファイブバガー・テンバガーの銘柄の数

5倍以上になった銘柄の割合（右軸）

テンバガー銘柄数（左軸）　　　　ファイブバガー銘柄数（左軸）

（出所）前田昌孝『株式市場の本当の話』（日経プレミアシリーズ）
（注）対象は全上場銘柄、翌年以降10年間の高値が当年の年間安値の「10倍以上」「5～10倍」
になった銘柄数をグラフ化。購入年が2011年の場合は翌年から2021年1月14までの高値への倍
率でカウント。権利落ち調整後の年間高値・安値はQUICK

選ぶことができれば、6倍以上に財産を増やすことができたわけだ。

　有名な投資格言に「頭としっぽはくれてやれ」というのがあるが、まさにそれである。

　ぜひ、皆さんもその年の底値から25％高く買ってもまだ十分安く買えているという感覚を持ってほしい。大底や大天井といった絶妙のタイミングで売買できる天才になる必要は全くない。それなりに安く買い、十分に時間を用意すれば、非常に多くの企業があなたの期待に応えてくれる。

38 3〜5年の長期保有

　VE投資では時間軸を3〜5年に設定することを忘れてはいけない。企業の成長は時間がかかるものだし、人々の低評価が一変するにも時間がかかる。

　最初から、「どうせしばらくは上がらん」くらいの気持ちで、気長に持ち続ける覚悟が大切だ。もし、業績は好調なのに、1年経っても2年経ってもちっとも上がらないようなら、VE投資一覧表の「EPS↑株価→」の状態が続いたことになり、さらにバリューはアップする。あなたは、よりお得度の高い株を保有していることになる。つまり、業績が順調なら、なかなか上がらないという理由だけによる売却は絶対に避けたい。

　ただし、あまりに先の未来まで時間軸を伸ばしてしまうと、現実とかけ離れた空想や妄想の世界に入り込んでしまう。図表41のデータは10年以内という時間軸が設定されているが、目標設定段階で10年という時間軸は長過ぎる。時間軸は「3〜5年」、目標上昇率は「2倍以上」。このくらいの目標であれば、投資対象はかなりたくさんあるし、成功した場合のリターンも十分である。

　ただし、3〜5年は保有しなければならないという話ではない。運よく、半年ほどで目標株価に達成したなら、さっさと売っていただいて構わない。既に割安さが解消され、何年か分の成長も織り込まれてしまったなら、そこから先は、勢いを重視するモメンタム投資家か、すべてを押しなべて買うインデックス投資家くらいしか買いが期待できない。恐らく他を探せば、もっと良い株を見つけられるだろう。

　まずは「3〜5年で2〜3倍高程度」を目標に設定し、実際に株を保有してみよう。その上で想像以上に業績拡大するようなら、それ以

上の期間、例えば7年とか10年とかという長期スパンで保有を継続して、5倍とか10倍といった大上昇を狙うのがよいだろう。そのようなスタンスなら力みなく自然に戦える。

つまり、3〜5年で売らなくてはいけないという話でもない。投資先企業が競争力をつけ、先行きがどんどん明るくなるようなら、何年保有したって構わない。

株を持つと「今日はいくら上がったか？」とか「為替が大きく動いた」などと、日々の変動や短期的な外部環境にばかり意識が向かってしまう。これらの大半は長期的にはただのノイズである。そんなものに意識を取られると、かえって見るべきものが見えなくなってしまう。あなたの焦りやいらだちを凄腕短期トレーダーや仕手筋は狙っている。あなたは彼らにいともたやすくカモにされることになる。遠くの山を見る感覚で、足元の小さな下り坂や回り道に気を取られてはいけない。時間軸を3〜5年に設定するというのはそういうことだ。

39　先の明るい企業にだけ投資する

ウォーレン・バフェットは言う。「ビジネスが好調なら、やがて株価はついてくる」。多くの人が、バフェットはバリュー投資家と思いこんでいるようだが、彼のことを詳しく調べれば、彼はグロース投資家でもあることがよく分かる。彼自身は、グロース投資もバリュー投資も同じものと考えており、成長企業を適切に買うことが重要だと考えているのだ。

結局のところ、株価がついてくるかどうかは、ビジネスの好調さにかかっている。私もずいぶんバリュー投資を研鑽してきたし、実践もしてきたが、この思いは年々強くなっている。

　市場は成長を高く評価し、停滞を嫌う。これは資本主義の掟のようなものだ。資本主義社会においては、成長こそが絶対の善であり、「株式市場は世界の成長を促進する装置」であると膨大な人が信じて疑わない。この秩序が崩れない限り、バリュー投資といえどもグロース投資の要素を無視してはいけない。十分な割安さと十分な成長要素の2つが重なり合って初めて、市場からの評価が得られるのである。

40 最高の5銘柄に集中投資する

　ウォーレン・バフェットやピーター・リンチといった著名投資家は、5〜10銘柄に集中投資することの重要性を強調している。

　1銘柄や2銘柄では、リスクが高過ぎる。一方で、50銘柄とか100銘柄となると、そんなにたくさん面倒を見切れないし、もし、大当たりが出ても、他が足を引っ張ってなかなか財産を増やしてくれない。集中しつつ、分散する、というのがミソである。

　私はこれをずっと実践してきた。5〜7銘柄くらいに厳選する投資スタイルで、ここまで何とか財産を増やすことができた。実際やってみて納得できたのだが、確かに集中と分散のバランスが良く、大けがをすることなく、安定的に利益を出すことができる。

　まず、もし予算が100万円あるなら、概ね、20万円ずつを1銘柄に充てる発想で有望株を5つ探してほしい。もしかすると、見つかった有望株の株価は4000円かもしれない。100株単元なら最低でも40万円必要になる。それならそれで構わない。少々いびつになっても構わないので、自分が有望と思う株を5つ買う。

　仮に一生懸命探しても、3つしか良いのが見つからないということもあるだろう。それならそれで構わない。3銘柄に概ね30万円の予算

を配分し、残りの10万円はインデックスファンドか何かで運用すればよい。将来ほかに良い株が見つかれば、インデックスファンドや保有株の一部を売って4銘柄目を買うようにする。もし自信満々ならその3銘柄に予算を全部使い切っても構わない。何が何でも5銘柄買うという発想はやめたほうがよい。とにかく自分が納得できる最高の銘柄だけで構成するようにする。

　逆に8銘柄見つかってしまったなら、できる限り5銘柄に寄せるようにする。最高の5銘柄に絞る作業をすることであなたの投資力は次第に高まる。ただ、どうしても甲乙付け難い8銘柄が残るなら、別に8銘柄でも構わない。何が何でも5銘柄というルールではない。

　しかし、50銘柄も100銘柄も保有するというのは、この投資法ではお勧めしない。銘柄選びが雑になるし、うまくいった時のリターンも小さくなる。

　資金が少ないうちは分散を諦めて、集中を優先しよう。分散投資は守りの戦略だ。既に成功を収めたお金持ちにとっては非常に重要な考え方といえる。だが、まだ資金力に乏しい挑戦段階では、一点突破もやむを得ない。まともに戦えないレベルに戦力が不足している時、歴史上の英雄たちは皆、守りではなく、攻めを優先した。桶狭間で織田信長が少数の精鋭たちを連れて、敵本陣に突入したように、選び抜かれたあなたの自信株で一点突破を目指そう。

　今のあなたにとって30万円は大金かもしれないが、それが余裕資金であるならば、人生というくくりにおいては、あってもなくても大差がないレベルだ。仮に失敗しても、海外旅行に行ったら暴風雨で散々な目にあった、くらいに思えばよい。

　ここでは、仮に100万円という予算を前提に話をしたが、「そのような大金は持ち合わせていない」というのであれば、例えば、最近は1株単位で株取引ができるアプリもある。そういう少額投資サービスを利用して数千円から練習を始めるのもよいだろう。

41　ボーナスポイントになりそうな材料を探す

　バリュー投資家が最も注意を払うべきは、バリュートラップと呼ばれる、いつまで経っても株価が上がらない現象だ。これを避けるための第一の工夫は、「2倍高以上を狙える十分な割安株のみを狙う」。次の工夫が「先の明るい企業だけに投資する」というわけだが、できればダメ押しが欲しい。

　「最近始めた新しい事業が少しずつ注目を集めている」とか、「海外展開を始めて3年経つが、ようやく収益に貢献しそうだ」といった、プラスアルファの材料が欲しいのだ。それらが良い方向に転ばなくても2倍高以上は狙えるのだが、うまくハマるようなら、3倍高、5倍高も夢ではない銘柄を見つけ出したい。私はそのような成長の卵をボーナスポイントのように扱い、評価を1つ上げることにしている。

　選考の結果、甲乙付け難い2銘柄が残ったとする。もちろん、両方買っても構わないが、資金力がないのであれば、このボーナスポイントの差で最終判定をするとよいだろう。

　注意してほしいのは、ここでいう材料は、短期トレーダーが囃し立てるような、時流にマッチしたテーマ性のことを言っているわけではない。そういうテーマ性だけで一時的に買われた株が、その後、本当に成長できたという現象を、私はほとんど知らない。バイオ系ベンチャーの世界を変えそうな薬、ドローンや3Dプリンターといった目新しい海外技術などは、よく調べると大した話ではないのに、大騒ぎして盛り上がるだけ盛り上がって、その後は何事もなかったかのように、世の中から忘れ去られていった。そうではなく、あくまで、事業性の伴う成長の卵を、ここでは材料と言っている。

Lesson 10

売買の実際

やるべきこと、
やってはいけないこと

機械的な損切り（ストップロス）は やってはならない

　バイ＆ホールドでいくと決めて3～5年の長期保有という時間設定をした時点で、機械的な損切り（ストップロス）は「やってはならないこと」に区分する必要がある。損切りは、短期トレーダーの間では最も重要なテクニックとして推奨されており、あなたも多くの投資本や投資サイトで「何はともあれ、損切りだけは徹底せよ」と教え込まれたことだろう。ところが、バイ＆ホールドでは、損切りはやってはならない悪手となる。

　損切りとは、信用取引などで大きくレバレッジをかけて勝負する場合に、思わぬ大ダメージを喰らわないため、例えば買値から10％下がった場合とか、高値から10％下がった場合に無条件に機械的に売却するように設定することである。ほとんどの証券会社でそのような売却注文を設定できる。

　しかし、短期的な値動きを無視する前提で長期投資をするバイ＆ホールドでは、損切りはデメリットしか得られない。

　考えてもみてほしい。まず、損切りを設定した時点で、その株の長期保有は絶望的だ。3～5年間もの長期間において、下方向の値動きが10％以内に収まり続ける株など存在しない。

　また、その損切りを狙って、相場操縦的に株価を下げさせる「ストップ狩り」は今や短期トレーダーたちの基本テクニックといえる。自分を守るために設定したつもりの損切り基準こそがターゲットになって無理やり損切りさせられる。あなたは、せっかくの有望株をわざわざ安値で手放すことになる。バイ＆ホールドと損切りの関係は、全く整合性のとれない戦略と手段の関係と言わざるを得ない。

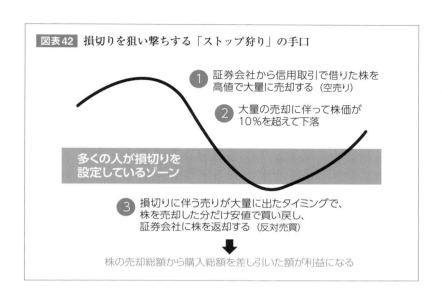

図表42 損切りを狙い撃ちする「ストップ狩り」の手口

① 証券会社から信用取引で借りた株を高値で大量に売却する（空売り）

② 大量の売却に伴って株価が10％を超えて下落

多くの人が損切りを設定しているゾーン

③ 損切りに伴う売りが大量に出たタイミングで、株を売却した分だけ安値で買い戻し、証券会社に株を返却する（反対売買）

株の売却総額から購入総額を差し引いた額が利益になる

　ということは、損切り設定せざるを得ないほどのレバレッジも、バイ＆ホールドとの相性は悪い。多くの個人投資家は1日も早く大金持ちになりたいと願って信用取引に手を出すが、それが短期思考を生み、泥沼への入り口となってしまう。借金などしなくても、2倍とか3倍とかという単位で財産を雪だるま式に増やすことができれば、あなたは十分に金持ちになれる。慌てないことがバイ＆ホールドで成功する秘訣なのである。

43 投資ストーリーをノートに書いておく

　バイ＆ホールドを心がけていても、玉石混交の様々な投資情報が目に入ってくるたびに感情は大きく揺れ動く。その結果、「この会社は

極めて有望だ。年商が1000億円に達するまでは絶対に手放さないぞ！」などと誓っていても、「ついうっかりと売ってしまう」という、最もしてはならない行動を取ってしまう。こうした失敗を防ぐには何らかの工夫が必要だ。

　慣れないうちは、メモ程度でよいので、銘柄選考の内容を図表43のようなシートにまとめておくとよいだろう。

図表43　投資ストーリーのメモ（MCJ株の例、事例編2に掲載）

企業名	MCJ	証券コード	6670
1次選考（2020.1.10）		2次選考（2020.3.25）	
EPS傾向	↑	将来性	かなり明るい
四季報予想EPS	82.6円	実力値ベースの予想EPS	100円以上
株価傾向（長期）	→	株価傾向（短期）	↑
株価	820円	株価	600円
予想PER	9.9倍	あなた予想PER	6倍
PBR	1.9倍	あるべきPER	18.0倍
投資アイデア		投資ストーリー	
・最近CMもよく見かけるようになったマウスコンピュータが主力。コスト競争力あり。 ・パソコンの製造販売というと米国デルコンピュータの成長期を思い出す。 ・業績拡大に株価上昇が追いついておらず、バリューは拡大傾向。 ・2021年3月期は、昨年のウインドウズ7のサポート終了の反動が出る恐れあり。		台風被災などの一時的要因を差し引き、リモートワーク拡大の好影響を勘案すると、実力値ベースの予想EPSは100円以上はある。 ただ、同社は収益が大きいと、広告宣伝費を拡大し、利益を抑える傾向があるので注意。長期的には、パソコンはやや耐久性が高く、景気変動の影響を受けやすい。為替の影響もあり、その分は割り引く必要あり。あるべきPERは18倍程度か。 目標株価＝実力値ベースの予想EPS100円×あるべきPER18倍＝1800円。600円で買えば3倍高が狙える。	

このメモを、恐怖と不安にかられた、かわいそうな未来の自分のために残しておくのである。保有し続けるべきか、売るべきか、重大な決断を迫られたあなたはこれを見て、きっと大切なことを思い出すだろう。

　もし、その心配事が事態の深刻な変化であり、将来の売上やコストに重大な影響を及ぼすようなら、投資ストーリーは崩れる。売りだ。諦めて他に移ろう。

　もし、マーケットが動揺しているだけで、投資ストーリーには何ら問題がなく、自分も一緒になって動揺しているだけならば、ホールド（保有継続）だ。むしろ買い増しを検討してもよい。まさにその瞬間こそが、VE投資一覧表における「EPS↑株価↓」の状態だからだ。

　もちろん、自分が立てた投資ストーリーが大きく間違っていることもある。つまり、あなたの実力も、このシートが教えてくれる。コツコツと書き残していくことで、次第に勝率向上が図れるだろう。

 ## 「もっと良い銘柄」を見つけたら乗り換える

　バイ＆ホールドにおける売却ルールは次の3つだ。

①先が暗くなった場合（成長が止まった）

②十分に割高になった場合（本質的な価値に対して株価が高くなり過ぎた）

③他にもっと良い銘柄を見つけた場合

図表44　VE投資法における売却ルール

①先が暗くなった場合

②十分に割高になった場合

③他にもっと良い銘柄を見つけた場合

中長期的な成長ストーリーが怪しくなってしまった場合、すぐに頭を切り替えて、他の株に乗り換える。この場合に重要なのは、レギュラー選手の調子がおかしくなった時のために、常に控えの選手を用意しておくことである。

　しかし、実践では①②は、やや曖昧な基準といえる。「暗くも見えるし、一時的な現象ですぐ復活するようにも見える。完全に状況が判明するのを待っているようでは手遅れとなる」「既に割高な水準に到達したようにも見えるし、このところの業績好調を考慮すれば、これでもまだ割安なようにも見える。完全に状況が判明するのを待っているようでは手遅れとなる」。こんな感じで、迷いの森に入り込んでしまうのだ。

　その時に、③があると判断の助けになる。「ここまで上がったら、仮に今後さらに業績好調が続いたとしても、○○株のほうがリスクは低い。いったん売却し、乗り換えを断行しよう」といった具合だ。「次の3〜5年をどっちの銘柄で2倍高以上を狙うのがよいか」という視点で比較するとよい。

　他の銘柄に乗り換える際、利益の出ている保有株を売って、他の上がりそうな株を買うことはできても、下落により含み損の出ている保有株を売って、他の上がりそうな株に乗り換えるのは心理的に難しいという人も多いだろう。

　しかし、あなたがその株をいくらで買ったかという事実は、VE投資においては判断の基準にならない。企業の本質的価値と比べて株価

が割安かどうか、そして、今後の見通しが明るく、本質的価値が拡大しそうかどうか、という2点だけを判断の基準とすべきなのである。

「損をしたのと同じ方法で、損を取り返す必要はない」とウォーレン・バフェットは言う。

私は、下落した保有株と下落した他の有望株を比較して、有効と判断できた場合には、躊躇なく乗り換えを断行した。売却と同時に購入を繰り返し、相場全体の下落や上昇の影響は甘んじて受けながらも、自分にとって、より納得できるポートフォリオ作りに専念したのである。

ただし、隣の芝生は青く見えやすいので、③についてはハードルを高くする必要がある。少なくとも手持ちの銘柄と同等もしくは「ちょっとマシ」くらいなら乗り換えない。

45 初心者が探しやすいのは時価総額500億円以下の中小型株

VE投資法で初心者が探しやすいのは、恐らく時価総額が500億円以下クラスの中小型株だろう。その理由は以下の通りである。

①事業構造が単純で、経営者が何をやろうとしているかが分かりやすい。

②まだ会社が小さいので、うまくいきだすと成長余地は大きい。1兆円企業が10兆円企業になるよりも、30億円企業が300億円企業になる可能性のほうが圧倒的に高い。

③我々個人投資家レベルでも経営者クラスとコミュニケーションを図るチャンスも多い。たまには証券会社や新聞社主催の株式フォーラムに参加してみよう。もしお目当ての企業が出展していたら、直接、

経営者や幹部クラスと話をすることもできる。株主総会もこぢんまりしていて、あなたがしゃべらなければ、誰もしゃべりださない可能性まである。いろいろ質問して疑問を減らすことができれば、それだけ自信につながるので、長期保有にも耐えられる。

　また、小型成長株はネット情報が非常に少ない。グーグルで企業名をニュース検索しても3か月前に地域貢献活動をした小さな地方記事や3年前に上場が決定した時の社長のインタビュー記事が出てくるだけかもしれない。株探やヤフーファイナンスには何やら難しげなテクニカル指標が買いゾーンに入ったとか、PERや配当利回りの観点から割安銘柄ランキングに選ばれたとか、長期投資の観点からは知っていても知らなくてもほとんど意味がないか、既に知っている情報がアップされるだけだ。

　そこで、あなたはその企業の具体的な製品名で検索をかけてユーザーの評判を調べたり、その企業が属する業界情報を集めたくなったりするだろう。それが良い。

　そもそもあなたが調べようともしないのに、一方的にあなたの目に入ってくるような情報に大した価値はない。そうではなく、あなたが能動的に動くことでやっと見つけることができる情報をたくさん集めることが重要なのである。

　もちろん、ネット検索にとどまらず、実際に店舗に行って商品やサービスを確認し、それを実際に購入する体験も必要である。これからガンガン売れそうか、競合他社に負けそうか、一消費者であり株主でもあるあなたは当事者として優れた分析をすることができるだろう。

46 小型株には流動性リスクがあるが、夢もある

　時価総額が300億円を下回るような小型株の中には、極端に出来高が小さい株も多い。1日の出来高が非常に小さい小型株は、売りたい時に売れない流動性リスク（➡29）がある。

　多くの投資家はこのように小さな株への投資を嫌う。巨大な資金を扱う機関投資家からは相手にされず、いつでも売買できることが大前提の短期トレーダーも寄り付かない。結局、多くの小型株は安値で放置されることになるが、そこが狙い目だ。少額で投資を楽しむ個人投資家にとっては、大したリスクではない。

　あなたの投資予算が1000万円以下であれば、仮に5～10銘柄に投資したとすると、1銘柄当たりの金額は100万～200万円といったところだろう。その程度であれば、少々出来高が小さくても大きな問題にならない。さすがに寄り付きで全部成り行き売りをしてしまったら、あなたの売りだけで株価を押し下げることがあるかもしれないが、何回かに分けて、少しずつ適切に売れば、相場に大きな影響を与えることなく、売買を成立させることができるだろう。

　一方で小型株には夢がある。時価総額1兆円の企業がさらに成長して10兆円になることは極めて稀だが、時価総額50億円の企業が500億円クラスに成長することは割と頻繁に起こる。大化けを狙うなら小型株だ。機関投資家や短期トレーダーが相手にしないなら、私たち個人投資家こそ、小型株を見る目を養い、メインスポンサーとなりたい。

　ちなみに、十分な自信がある時、私はすぐには売れないレベルまで株を買い込む。1日の出来高が数千株の小型株を何万株も買い込むのだ。こうすることで、「この会社が大成功するまで絶対に売らないぞ」

と腹が据わるのである。十分に上がり、十分に出来高が増えだすと、ようやく、機関投資家や短期トレーダーが買いにやってくる。彼らにそれを売ればよい。その時は出来高を気にすることなく売却が可能となっているのである。

47 鳥の目、虫の目、魚の目を使いこなす

　経営の世界では、鳥の目、虫の目、魚の目が重要と言われている。鳥の目とは、物事を俯瞰し、全体を大きく捉える目だ。逆に虫の目は、1つのものをクローズアップして詳細を分析する力と言える。魚の目とは潮の流れを見る目とされ、つまり、時代や市場の流れを読む力と言えよう。株式投資においてもこの3つは重要な視点である。

　VE投資一覧表は、変化と絶対値を同時に見るツールだ。鳥の目と魚の目を同時に使い、業績と株価の変化を読み取るツールとも言える。そのため、あまりに短期的な視点で使うものではない。まずは5〜10年といった長期チャートと長期業績を見比べよう。

　一方で虫の目を無視してはいけない。直近の身近な変化が、大きなうねりの兆しとなる。直近の四半期決算の変化と1年以内程度のチャートを見比べるのも重要だ。「最近起こり始めた、あの変化を株価は織り込んでいない。業績に対してはまだわずかな影響しか出ていないが、今後は大きく収益貢献するはずだ」といった気付きである。

　つまり、5〜10年単位の業績とチャートの変化に加えて、1年以内程度の業績とチャートの比較という2つの視点が有効と言える。「なぜ、業績が順調なのか?」。併せて、「なぜ、株価は業績と連動しなかったのか?」。その原因を探るのである。

　もっとも、本当の意味での虫の目、つまり、決算書を詳細に確認

し、ネットや本でその会社に関する情報を収集し、経営者の人となり
を知り、商品やサービスに触れ、就職サイトで先輩社員の仕事ぶりや
評判を確認することが、次の作業として欠かせない。

48 混乱期にはVE投資一覧表を考え直す

　ちょっとした探索のコツなのだが、株式市場が混乱して暴落した
り、大きく調整したりした時には、VE一覧表の❷❸❹から素直に割
安成長株を探すとよいだろう。普段は高値で手が出せない実力株の価
格も過剰反応で下がるので、驚くほど割安に買うことができるチャン
スだからだ。一方で、株式市場が安定してくると、成長企業の株価は
上昇して割安に買う機会はどんどん減ってくる。そうなると、今度は
❶〜❺を差別することなく、丹念に調べる作業が有効である。

　混乱期に集中的に❷❸❹で見つけ出した厳選株は、その後、株価が
上昇し、割安さが薄まったとしても、経済が安定してくると、利益成
長も期待以上に進むケースがある。この場合、下手に知らない株に手
を出すよりも、長く保有している企業の株のほうが、その会社に対す
るあなたの知識レベルが深まっているため、様々なリスクに対応でき
る可能性が高い。そこで、すっかりおなじみとなったお気に入りの株
をできる限り長く保有しながらも、もし、もっと有望な不人気成長株
や業績回復株を見つけることができたなら、一部を売却し、そっちに
乗り換える戦略が有効である。

図表45 市場混乱期における探索範囲

	❶	❷	❸	❹	❺
EPSの変化	→	↑	↑	↑↑	↓
株価の変化	↓	↓	→	↑	↓↓
予想PER					

株式市場が混乱している時は、VE投資一覧表の❷❸❹から素直に割安成長株を探すとよいだろう。普段は高値で手が出せない実力株を驚くほど割安に買うチャンスだからだ。一方で、株式市場が安定してくると、成長株を割安に買う機会は減ってくる。そうなると、今度は❶～❺を差別することなく、丹念に調べる作業が有効である。

49 暴落時に注目すべきは「秩序の崩壊」ではなく「変化」

　暴落局面においては、これまでの前提が大きく崩れるため（だから暴落するわけだが）、単純なトレンド分析では、歯が立たない。これまでの成長企業がこれからは成長企業でなくなるリスクが存在するのだ。そこで未来を予想する能力が試される。

　実は未来を予想するにあたっては、まずは次のような4つのパターンに物事を分類する必要がある。

(a) 予測可能領域（例：高齢化社会）

(b) シナリオ分析で対応すべき領域（例：アフターコロナ、AIが普及した未来）

（c）トレンド分析で対応すべき領域（例：成長企業の近未来業績、ブランドの認知度傾向）

（d）予測不可能な領域（例：火山噴火、大規模テロ）

　未来学者に言わせると、火山噴火も大規模テロもシナリオ分析の範疇だそうだ。発生することは十分に予測できるものの、それが、いつ、どこで、どのくらいの規模で発生するかは分からない。そういうものは、あらかじめシナリオ分析によって、対処方法を検討しておくのだそうだ。しかし、株式投資家にとってはあまりに頻度が小さいため、（d）予測不可能な領域に分類してもよいだろう。株式市場では、極めて頻度が低いものの、発生した際のインパクトが絶大な現象を、元金融トレーダーのナシーム・ニコラス・タレブ氏の著書にちなんで「ブラックスワン」と呼ぶ。

　さて、多くの株式投資家は、（a）予測可能領域と（c）トレンド分析で未来を予測する。データがそろっており、客観性が高いためだ。

　しかし、そのような誰もが客観的に確認できる領域だけで勝負しても、得られる利益は小さい。多くの場合、株価は既にそれらのトレンドや事実を織り込んでいる。あなたが、それらの情報だけを基に市場より優れた判断ができる可能性は極めて低い。膨大な人々から評価を受ける大型株においてはなおさらだ。

　そこで、儲けたいなら、（b）シナリオ分析と（d）予測不可能な領域の組み合わせを、もっと重視すべきである。

　新型コロナウイルスのような予測できなかった事態が発生した時、素早くシナリオ分析を進め、人々がパニックを起こし、秩序が崩壊しているまさにそのタイミングで、買い向かうのである。大暴落の時に注目すべきは、「秩序の崩壊」ではなく、「変化」である。大暴落は変化の兆しであり、変化のきっかけと捉えるのである。

　今後、何がどう変化するのか？　その場合、どの銘柄がいち早く立

ち直るのか？ あるいは、そもそもダメージすら受けない銘柄はない
だろうか？ そこに神経を集中させるのである。

　実は、大暴落時ではなくても、株式市場は大小様々な変化に満ちあ
ふれている。それはテクノロジーの変化であったり、社会制度の変化
であったり、人々の行動変容であったり…。その変化の兆しを、感性
と論理的思考を総動員して分析し、勇気を持って、つかみ取る。その
行動力が試されるのだ。

　気付くだけではダメだ。大抵の人は実はほとんどのことに気付いて
いる。結局のところ、株を買うという行動につなげることが重要であ
り、それが伴わない限り、あなたは何も変わらない。

事例編1

バリューエンジニアリング投資の
成功例

成功例 *1*　ディーブイエックス(DVx)
小さ過ぎる株、大き過ぎるバリュー

　2008年は9月にリーマンショックが発生し、株式市場はまさにボロボロの状態だった。特に小型株はひどい有様で、素晴らしい成長株がPER10倍を大きく割り込み、驚きのバーゲン価格で売られていた。

　心臓ペースメーカーなどの医療機器の販売を手掛けるディーブイエックス（DVx、3079）もそんなバーゲン株の1つだった。私はこの

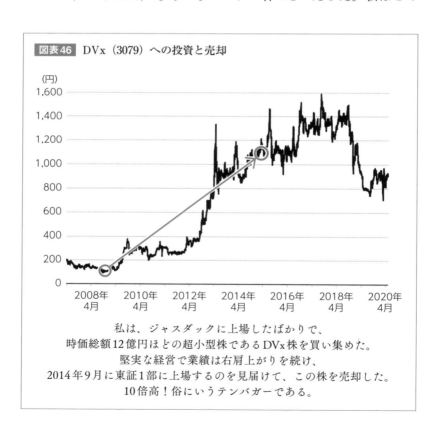

図表46 DVx（3079）への投資と売却

（円）

私は、ジャスダックに上場したばかりで、
時価総額12億円ほどの超小型株であるDVx株を買い集めた。
堅実な経営で業績は右肩上がりを続け、
2014年9月に東証1部に上場するのを見届けて、この株を売却した。
10倍高！俗にいうテンバガーである。

DVx株で10倍高をゲットする成功を収めることができた。

　当時、DVxの会社予想PERは5倍を切っていた。ところが、業績は順調そのものである。創業以来20年以上もの間、ほぼ一貫して増収増益を続けている。このような素晴らしい成長企業が、この安さはおかし過ぎる。VE投資基準で説明すれば図表48のような感じである。

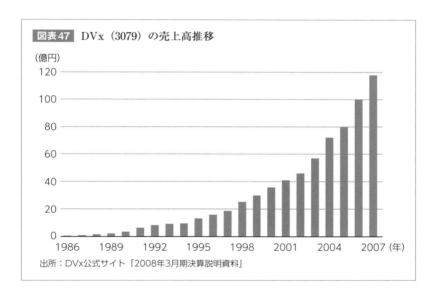

図表47 DVx（3079）の売上高推移

（億円）

出所：DVx公式サイト「2008年3月期決算説明資料」

図表48 DVx（3079）のVE投資一覧表

	❶	❷	❸	❹	❺
EPSの変化	→	↑	↑	↑↑	↓
株価の変化	↓	↓	→	↑	↓↓
予想PER		4.8			

リーマンショックで世界的な大不況が広がる中、その影響をまともに喰らう景気敏感株は買いにくかった。そこで、大量に安値で放置されている割安小型株の中から、特に需要の安定している医療関連株に目をつけ、1つひとつ調査を繰り返した結果、この銘柄に巡り合えたのである。

■ 成長の構造を調べる

DVx創業者である若林誠氏は、裸一貫でこの会社を立ち上げ、医療用機器やその関連商品の販売をひたすら頑張ってきた営業の人である。実は私も若い頃、ある新事業分野で開拓営業を長年担当させられたことがある。新しい考え方を提案しながら、新商品を売り込む開拓営業は、非常に骨が折れるものの、一度売り込みに成功すれば、しばらくは優先的な販売が可能となる。

だから業種は異なるものの、この会社が行う医療用機器の開拓販売ビジネスは、私にとってイメージしやすかった。まだ小さなこの会社は、販売拠点を全国に拡大することで、売上を伸ばす戦略だ。マクドナルドもセブン–イレブンも、ユニクロもニトリも、販売拠点を全国に拡大する過程で急成長し、株価を急上昇させた。

成長株を分析する際、最も重要なのはその成長構造を知ることだ。そして、販売拠点の拡大くらい当てになる成長構造は他にない。世界の均一化・同質化はこうして進むのである。

私は100円前後（その後、株式分割があったため、2020年5月末現在の株価を基準に修正）でこの株を買い集め、ずっと持ち続けた。株主には毎年、営業マンの体験談をまとめた1冊の本が送られてきた。これを読むとますますこの会社の事業構造が理解でき、安心して保有し続けることができた。

■ 10倍以上の上昇後に売却

　結局、新興市場であるジャスダックに上場していたこの会社は、2014年9月にめでたく東証1部上場企業となり、一流の仲間入りを果たした。EPSは2009年3月期に25.4円だったものが6年後の2015年3月期には81.6円と3.2倍に増え、PERもあり得ない低評価の5倍前後から平均レベルの16倍前後へと修正されたため、株価は10倍以上の大化けとなった。ようやく適正なレベルまで株価が上がったと判断し、私はこの株を売却することにした。

成功例 2

ウィルグループ
景気拡大期に景気敏感株で勝負

　DVxを売却し、まとまったカネができた私は、次の購入候補先を『会社四季報』で探索していた。この年2015年は、2013年にスタートしたアベノミクスが既に大きな成果を上げ始め、日本国内の景気は順調に回復していた。こうなると、DVxのようなディフェンシブ株よりも、より景気の影響を受けやすいシクリカル株（循環株）の中に有望株が期待できる。探索の軸をそちらに移すと、ある新興の人材派遣会社に目が留まった。ウィルグループ（6089）である。

　まず、図表49のチャートを見てもらいたい。株価は2013年12月19日の上場直後の終値332円（その後、株式分割があったため、2020年5月末現在の株価を基準に修正）から下がり、200円を割ったあたりを底に反転している。私は2015年2月頃からこの株を買い始め、平均買値は320円前後だった。

■ 上場直後に下落してから大化けする株

　私はこのように上場直後に下落し、その後の反転上昇から大化けする株を過去何度も見てきた。企業が新しく上場する際には、多くのメディアでニューフェイスとして紹介され、一時的に市場の注目を集めるものの、その後、次第に忘れ去られてしまう。

　一方、一定期間を経ると、上場前からの株主の売りが解禁されるため、不人気なところに、まとまった売りが出始めて株価は下がらざるを得なくなる。経営者がいくら頑張っても、評価は定まらず、次第にネット上では、「こんな株買うんじゃなかった」「経営者は無能だ」「株価対策をしろ」などと恨み節があふれ出し、下がり続ける株に嫌気がさした個人投資家のさらなる売りに押されて下げが加速する。

　そうなると、私のようなバリュー投資家の出番だ。次第に底が固まり、反転上昇がスタートする。

　私がウィルグループを買おうと思った2015年2月頃には、東証2部から東証1部へと鞍替えが完了し、いったんは上昇したものの、材料出尽くし感からか株価は停滞していた。当時の予想EPSは30円前後、予想PERは10倍前後。一方、人手不足が深刻化し始めており、人材派遣業は極めて良好な収益環境が続くと予想された。

■ まず少しだけ買って株主総会で質問

　ただ、株式公開後2年程度では、まだ情報が少な過ぎた。そこでさらに情報の収集と分析を続けることにした。過去の収益トレンドは急激に拡大していたし、今後も人手不足は続く。また、身の回りでも、「一生この会社にご奉公する」などと考える新入社員は少なくなったと感じていた。あちらこちらで優秀な社員が引き抜きにあい、逆に必要な人材は中途で採用するという風潮が加速している。

　私の感性は「この株は買い」と教えてくれる。だが、なかなか確信

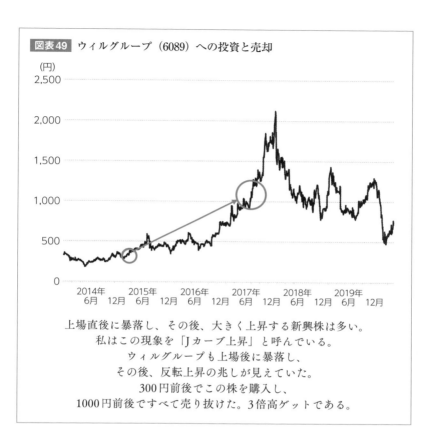

図表49 ウィルグループ（6089）への投資と売却

(円)

上場直後に暴落し、その後、大きく上昇する新興株は多い。
私はこの現象を「Jカーブ上昇」と呼んでいる。
ウィルグループも上場後に暴落し、
その後、反転上昇の兆しが見えていた。
300円前後でこの株を購入し、
1000円前後ですべて売り抜けた。3倍高ゲットである。

図表50 ウィルグループ（6089）のVE投資一覧表

	❶	❷	❸	❹	❺
EPSの変化	→	↑	↑	↑↑	↓
株価の変化	↓	↓	→	↑	↓↓
予想PER			10		

につながらなかった。そこで、少しだけ株を保有し、とにかく1回、株主総会に出席することにした。当日、午前休をもらい、会場に入った私は、この会社の若手社員たちの元気な挨拶に感心し、すぐにこの会社の体育会系のノリが好きになった。やはり人材派遣会社である。ヒトでもつ会社だと実感した。壇上で説明する、私と同世代の池田良介社長（現会長）は自信に満ちあふれており、説明の中から足元の事業環境は極めて順調だということが感じられた。

　私は「どういう職種のどんな人材派遣が好調なのか？」と質問してみた。秘密保持の関係があるので、詳しい説明はできないようだったが、なんとなくイメージはつかめた。「なるほど、まだまだ仕事は増えそうだ」。私は早速その会場内で買いを入れ始め、1か月ほどかけてすぐには売れないレベルまで保有株数を膨らませた。

■ 3倍高で少しずつ利益確定して流動性リスクを回避

　その後の業績は順調だった。EPSは29.0円（2015年3月期）だったものが、翌年36.4円、翌々年54.2円と2年で86％も拡大した。併せて、この会社の評価も高まり、PERは10倍前後から20倍前後へと、有望な成長株であれば常識的な水準まで上昇した。まだ相場に勢いはあったが、私は買値の3倍高を超えたあたりから少しずつ売り抜け、利益を確定させた。これだけ上がってもまだ時価総額200億円に満たない中小型株である。下がり始めてからでは売るに売れなくなるのが嫌だった。

　人材派遣会社は典型的な景気敏感株である。景気が悪くなると、あっという間に失業率が上昇し、「派遣切り」が加速する。リーマンショックでその怖さを知っていた私は、景気が良いうちにこの株を売る決断をした。

ソニー
大復活を読み切る

　2015年は、チャイナショックと呼ばれる中国発の世界同時株安に見舞われ、多くの株式投資家が大損をした。さらに原油価格も低迷したことから、オイルマネーが逃げ出しているとの観測が噂され、2016年に入ってからも厳しい相場が続いていた。日経平均株価は2万円前後から1万5000円前後へと25％以上も下落し、秩序は崩壊していた。

　当然のように私は目を皿のようにして、有望株を探していたが、小型成長株については、やや割高な銘柄が目立ち、なかなか良い株を拾えずにいた。ちょうどその頃、あるネット記事で私のブログが紹介されているのを発見した。「参考になる投資ブログ」などと題された記事で、光栄にも私のブログが高評価をいただいていたのだ。ただ、その中に気になる一言があった。「ただし、このブログは小型株専門である」とのご紹介であった。

　「はぁ～？　小型株専門？」。私は少々カチンと来た。確かに、これまでは大型株と比べて、小型株のほうが圧倒的にお得な銘柄が多かったため、わざわざ大型株を買う必要がなかった。それで小型株に関する記事ばかり書いていたのだが、ただ、それだけのことであり、小型株が逆に割高な方向にミスプライシングを起こしている今なら、当然、私だって、大型株を狙う。

　「こうなったら、大型株で鮮やかに勝ち切って、あっと言わせてやろう」。そんな野望が膨らんだ。ところが、大型株ばかりを対象に、ボトムアップ・アプローチ（➡50）で丹念に銘柄探しを行ったのだが、数か月経っても、明確なVE投資候補を見つけ出すには至らなかった。

　「やはり難しいな…」。やや諦めかけていた頃、家電量販店に入った

私は、ふと、ある変化に気付いた。多くの家電量販店では、人気の商品を「イチオシ」だとか「人気ナンバーワン」などとポップでアピールする。その人気ナンバーワン商品に、やたらとソニー製品が入っているのに気付いたのだ。テレビも、ビデオカメラも、デジカメも、ヘッドフォンも…。この何年かすっかり忘れていた感覚だった。1つひとつ確認すると、値段は決して安くはないのだが、確かに性能や使い勝手が優れていて、他にはない魅力がある。そのどれもが私自身も欲しいと思えるものばかりだった。

「もしかして、あのソニーがついに変わり始めたのか？」。強烈なインスピレーションが働き、他の売り場も確認して回る。すると、ダメ押しの逸品を見つけた。グラスサウンドスピーカーだ。それは音楽を奏でるスピーカー付き照明器具で、その当時とても斬新な製品だった。優しい響きの中で、そのあかりを眺めながら、私は確信した。「ソニーの未来は明るい」。

当時、市場のソニー（6758）に対する評価はまさに地に落ちていた。リーマンショック以降、2009年3月期から2015年3月期までの7年間のうち、実に6年間は大赤字で、マスコミやSNSは、ソニーの凋落ぶりを面白おかしく書きたてていた。

決算資料を見ると、自己資本比率は15％を切っており、大手家電メーカーとしては危険水準だ。連続赤字と低い自己資本比率。ほとんどの投資家はこの2点を確認すれば、その先を調べようとも思わない。危険極まりない投資先と決めつけてしまうのだ。私もそうだった。

しかし、1つひとつ調べていくと、全く違うソニーの姿が浮かび上がってきた。

まず、過去7年間の決算資料を丹念に読み込んでいくと、確かに、赤字は赤字なのだが、そのほとんどが過去の膿を出すための構造改革費用によるものであることが分かった。実際、本業の利益を表す営業

利益ベースでは、赤字の年はリーマンショックがあった2009年3月期と東日本大震災直後の2012年3月期の2回だけだった。

自己資本比率もこの会社ならではの特有の事情があった。誰もがソニーは家電メーカーだと思い込んでいたが、この企業グループは既に家電メーカーとは呼べなくなっていた。ソニー損保やソニー生命などの金融分野がバランスシートの大半を占めるため、自己資本比率は家電メーカーのそれではなく、金融機関のそれと比較するほうが適切だった。金融機関としてならこの自己資本比率も悲観すべき水準ではない。

ソニーは（悪い意味で）注目の大企業であったため、探せばいくらでも資料が手に入った。ソニーに関する本を買い、決算資料やネット情報を丹念に読むことで、当時の平井一夫社長や吉田憲一郎副社長の経営スタイルが次第に理解できるようになった。

調べれば調べるほど、彼らは前向きであり、正直であることが分かった。この年の実績ベースのPERは20倍前後であったが、実力値のPERは10倍を切っているように思われた。私は、もはや割安とはいえない小型成長株を次々と売却し、その資金をこの大型株に投入することにした。様々な事業を丹念に調べ、良いも悪いも理解した上で、「この勝負、勝てる！」と確信した。

■ シナリオ分析で将来性を検討

その直後の2016年4月、熊本で大震災が発生した。ソニー株は再び売られた。不運にも、ソニーが社運をかけて開発を進めているイメージセンサーの主力工場が激震地のど真ん中にあったのだ。イメージセンサーとは、スマートフォンなどで使われる小型カメラの中核技術のことだ。この技術が進化したために、もはやコンパクトデジカメを持ち歩く人はほとんどいなくなった。破壊的イノベーションの典型例である。

　私はソニー株を買う時、シナリオ分析（➡49）でこの技術の将来
性を検討した。今後、AIが普及するのは確実である。AIは人間の脳
にあたる。脳は何を必要とするか？　情報だ。特に人間の目にあたる
イメージセンサーは最重要な情報収集装置と言える。この技術に磨き
をかけるソニーは、きっとこれから大きく伸びるだろう。彼らの戦略
は間違っていない。

　震災で工場がボロボロになったというニュースはひどく私の心を痛
めたが、この株を安く買うチャンスであることを忘れなかった。実は
調べれば調べるほどこの会社が好きになり、買い足しのタイミングを
計っていたのだった。もはや、私のポートフォリオの過半がソニーと
いう異常事態となった。渾身の大勝負である。

　平均買値は2500円。震災の特損を計上すると、この会社の予想
PERは50倍を超えていた。「ついにエナフンは頭がおかしくなった」。
ネット上で悪口を言うものも現れた。

　しかし、その後のソニーは私の期待を裏切らなかった。「プレイス
テーションVRの発売」「有機ELテレビで国内トップシェア獲得」
「AIBO復活」「ソニー最高益更新」。華々しい見出しが新聞やネット
に躍り、業績は急拡大し、2019年3月期のEPSは723円を計上した。
私の買値2500円はこの数字から逆算するとPERは3.5倍ほどだったこ
とになる。

■ 評価が正常化したところで売却

　もっとも、私はこの株を5000円ほどでほとんどすべて手放した。
人々がこの会社を正しく評価し始めた時点で私の優位性は失われる。
あまりに大金が手に入ったので頭を冷やしたい思いもあった。

　株式投資の旅は「わらしべ長者」のようなものである。最初はわら
しべのようなたわいもない資金からスタートする。しかし、儲けたカ
ネで次の株を買い、さらにそこで儲けたカネで次の株を買うという作

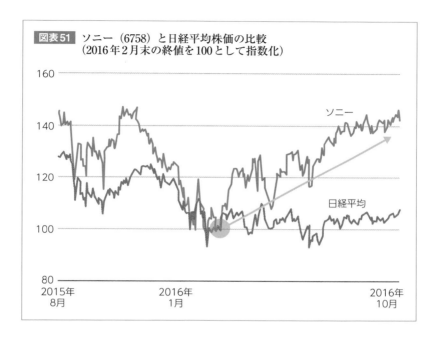

図表51 ソニー（6758）と日経平均株価の比較
（2016年2月末の終値を100として指数化）

業を繰り返していくうちに、財産は雪だるま式に増えていく。10年がかりで築いた1億円が、次の2年で、もう1億円の儲けを連れてきたりする。勝ち続ける限り、新たに手にする儲けは、今まで見たこともなかった大金となる。そして、自分自身も驚きの中ですっかり億万長者になっているのだ。

　多くの成功者は、財産の急拡大に生活水準の向上が追いつかない。私は、ソニーの大勝利で得た資金の一部をマンションの購入に充てた。それまでは賃貸に住んでいたのである。併せて買った大型テレビは、もちろんソニーの有機ELである。

成功例 *4* トレジャー・ファクトリー 業績拡大と横ばいのチャート

　ある日、妻がユリを買ってきた。ただ、花はまだ咲いておらず、つぼみが15個ほどあるだけだった。とりあえず、花瓶に生けて、リビングの隅に置いてもらった。それが2日ほど経ったあたりから、1つ2つと大輪を咲かせはじめ、今日は半分以上が咲いている。

■ つぼみの状態で花を買う

　株式投資も似たようなものだ。買った時はどれもつぼみである。きっと花を咲かせてくれると信じてはいるのだが、実際に花が咲くまでは安心できない。ところが、十分な成長性とバリューさえそろっていれば、時間とともに花は次々と咲き始める。重要なのはつぼみの状態で花を買うことなのである。

　リーマンショック以降、私は、DVx、「とんかつかつや」を展開するアークランドサービス、急成長中の葬儀会社であるティア、コインパーキングを展開するパラカ、結婚式場運営のエスクリといった小型成長株に投資したが、そのどれもが大輪の花を咲かせた。おかげで2013年までの5年間ほどで私の財産は5倍に増えていた。

　そんなある日、ブログのコメント欄で、トレジャー・ファクトリー（3093）というリサイクルショップの名前を目にし、もう一度詳しく調べたくなった。というのも、リーマンショック直後、私はこの銘柄も購入候補として詳しく調べていたのだが、その時は、まだ株式公開から1年も経っておらず、データが少な過ぎるという理由で、購入を見送っていたのだ。

　調べてみると、上場以降、うねりは存在するものの、株価は200円（その後、株式分割があったため、2020年5月末現在の株価を基準に

修正）を中心に約5年間横ばい傾向が続いていた。一方で、業績は順調に推移しており、EPSは2009年2月期に12.5円だったものが、2010年2月期18.3円、2011年2月期20.9円、2012年2月期27.2円、2013年2

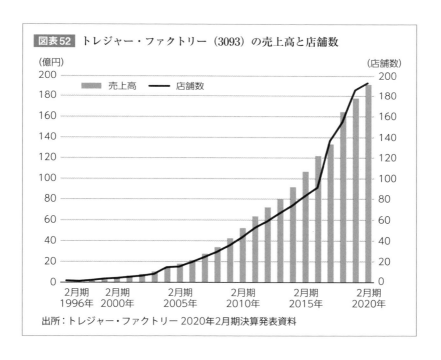

図表52 トレジャー・ファクトリー（3093）の売上高と店舗数

（億円）　　　　　　　　　　　　　　　　　　　　　　　　（店舗数）

凡例：売上高　　店舗数

出所：トレジャー・ファクトリー 2020年2月期決算発表資料

図表53 トレジャー・ファクトリー（3093）のVE投資一覧表

	❶	❷	❸	❹	❺
EPSの変化	→	↑	↑	↑↑	↓
株価の変化	↓	↓	→	↑	↓↓
予想PER			7.7		

月期33.8円へと急拡大している。にもかかわらず、PERは7倍台とかなり割安な水準だった。つまり、VE投資一覧表の「EPS↑株価→」である。

　株価と業績の乖離現象は、数年にわたって続くことがある。やや長い目で見るのが重要だ。しかし、当時なぜこれほどまでに乖離が続いてしまったのか？　リーマンショックと東日本大震災の影響を受けたのは間違いない。ただし、それは株価の話であって、業績はほとんど影響を受けなかった。

■ じっくりと苦労を重ねてきた会社の事業を自分で利用してみる

　トレジャー・ファクトリーの創業者である野坂英吾氏は、1995年に開業資金30万円、150坪の倉庫からリサイクル市場に参入し、店舗拡大とともに成長を続けてきた私と同世代の経営者である。

　私はこの会社の歴史を確認しながら、自分の人生も振り返っていた。バブル崩壊からアジア通貨危機、世界同時多発テロ、リーマンショックへと続く日本の失われた20年だ。多くの中小企業が経営難で苦しんだ厳しい時代を、この社長はどう乗り切ったのだろう。

　私は最近急に出てきた流行りの人気株より、じっくりと苦労を重ねてきたこの会社のような成長株を好む。リサイクル事業は、仕入れでも頭を下げ、売りでも頭を下げ、それでもしっかりと利ザヤを稼ぐビジネスだ。苦労していないはずがない。徹底したデータ管理と品質管理のノウハウは本物だろう。

　私は結婚してから夫婦で倹約に努めてお金を貯め（➡Lesson2）、それを元手に株式による資産拡大をスタートさせた。そんなドケチ新婚時代、リサイクルショップをよく利用したものだ。もっとも、その多くはカビくさく、うす暗い店舗の中に、いわく付き商品が所狭しと並ぶ、まるでお化け屋敷のようなところだった。

　ところが、トレジャー・ファクトリーを何軒か回ってみると、あか

抜けた店舗に、若い客が集まっている。私は昔ながらの古書店とブックオフの違いを思い出していた。「もしかすると、ブックオフ的に跳ねるかもしれない…」。業績の将来イメージと低迷する株価に期待は高まった。

　このように私は株を買う前に、その会社の製品や店舗を確認する。やはり、現実を知らずに空想だけで売買しても、マネーゲームのようになるだけだ。

　「ふむ。2次審査も合格！！」。店舗の中で、早速スマホを取り出し、最初の買い注文を入れ、数か月がかりで後戻りできない水準までこの

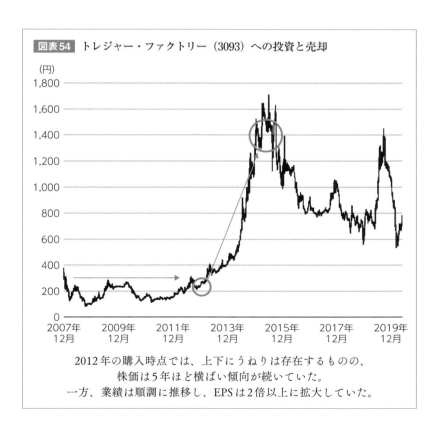

図表54 トレジャー・ファクトリー（3093）への投資と売却

（円）

2012年の購入時点では、上下にうねりは存在するものの、
株価は5年ほど横ばい傾向が続いていた。
一方、業績は順調に推移し、EPSは2倍以上に拡大していた。

株を買い込んだ。

■「底値から2倍高」でも通過点の可能性

　図表54のチャートをよく見ていただくと、私がこの株を購入したタイミングは120円付近を底に反転上昇している過程で飛び乗ったともいえる。むしろ、VE投資一覧表の「EPS↑↑株価↑」である。

　私はブログの中で、「トレジャー・ファクトリーは、業績の拡大や異常な低評価にもかかわらず、株価はまだ底値から2倍しか上昇していない」といった趣旨の記事を書いた。すると、これを読んだ読者からコメントをいただいた。

　「『まだ2倍高』という感覚に驚きました」

　確かに2倍高というと普通は怖くて買えない高さだ。しかし、私は過去、2倍高とか3倍高という理由で買わなかったために、その後の数倍高を取れずに失敗した経験を何度も何度も繰り返していた。成長株にとって2倍高は通過点に過ぎないということを嫌というほど体験していたのである。

　結局、この株は大輪を咲かせた。3年ほどでEPSは2倍以上に上昇。併せて、PERも20倍付近へと評価是正の動きが加速したため、私は2年半ほどで5倍高をとることができた。またまた大勝利である。

Lesson 11

探索と分析の効率化

調べれば分かることには 最善を尽くす

50　2つのアプローチを使いこなす

ボトムアップ・アプローチ：割安株をスクリーニングする

　個人投資家のあなたがすべての上場企業に対する情報をかき集め、株価への反映度合いを測るなどという膨大な作業が可能だろうか？言うまでもなく、不可能だ。プロでも不可能だ。

　そこで、昔からバリュー投資家の多くは、ボトムアップ・アプローチという手法をとる。まず、割安さの観点から、すべての銘柄を対象に幅広くスクリーニング（➡51）をかけ、バリューが発生していそうな銘柄だけをざっくりとピックアップする（1次選考）。次にピックアップした銘柄について情報をかき集め、本質的価値を推定する（2次選考）。最後にそれらの中で最も有望そうな銘柄を絞り込み、保有株とも比較して、同等かそれ以上のバリューが存在すると判断できた時、購入を決断する（投資決行）。

図表55　ボトムアップ・アプローチ

①割安さの観点から、すべての銘柄を対象に幅広くスクリーニングをかけ、バリューが発生していそうな銘柄だけをざっくりとピックアップする（1次選考）

②次にピックアップした銘柄について、特有情報と一般情報をかき集め、本質的価値を推定する（2次選考）

③最後にそれらの中で最も有望そうな銘柄を絞り込み、保有株とも比較して、同等かそれ以上のバリューが存在すると判断できた時、購入を決断する（投資決行）

VE投資の場合、1次選考ではVE投資一覧表を使い、EPSの変化、株価の変化、予想PERの3つの基準からざっくりとスクリーニングをかける。2次選考ではVE情報連関図（➡図表33）に沿って情報分析を進めるとよいだろう。

トップダウン・アプローチ：テーマを設定して銘柄を探す

　有望株の探索には、もう1つ別のアプローチがある。トップダウン・アプローチだ。何か大きな変化が発生した時に、その変化の影響を大きく受けるテーマを設定し、次第にキーワードを細分化する。そして、そのキーワードに関連する銘柄群をピックアップし（1次選考）、次にそれらの株のバリューを推定する（2次選考）。最後にそれらの中から最も有望と思う銘柄を抽出し、購入する（投資決行）。

図表56 トップダウン・アプローチ

①何か大きな変化が発生した時に（例「新型コロナ」）、その変化の影響を大きく受けるテーマを設定し（例「巣ごもり」）、キーワードを細分化する（例「リモートワーク」「リモート学習」）

②そのキーワードに関連する銘柄群をピックアップ（1次選考）

③次にそれらの株のバリューを推定する（2次選考）

④最後にそれらの中から最も有望と思う銘柄を抽出し、購入する（投資決行）

　私の場合は、ボトムアップ・アプローチからのトップダウン・アプローチをする場合が多い。どういうことかというと、割安な銘柄を探索し、これはと思う銘柄を発見できた時、多くの場合、その周辺にも別の有望株が隠れている。そこで、同じテーマでトップダウン・アプ

ローチを試し、2匹目のドジョウを探すのである。

51　スクリーニングの読み方にはコツがある

　よく、ブログの読者の方からスクリーニングについてご質問をいただくことがある。スクリーニングとは、成長性や割安さ、あるいは借金が少ないとか利益率が高いとかといった、健全性や収益性のデータを組み合わせて、今後上がりやすい株をデータ的に探す行為をいう。成長性では過去3〜5年程度の売上や営業利益の年平均成長率（CAGR）を、割安さでは時価総額と純利益の比を表すPERや時価総額と売上を比較するPSRなどが使われる。他には自己資本比率や営業利益率、ROEやROAをスクリーニングに使う人も多いだろう。

　一般的に公表されている数値データを組み合わせるだけで答えが出るのだから、こんなに分かりやすい話はない。多くの株本や株雑誌で、この分かりやすい説明が繰り返されるが、私が知る限り、いつでも使える便利な方程式は存在しない。

　例えば「予想PERが8倍以下で、年率20％以上の成長を続ける、自己資本比率50％以上の銘柄」という条件を示したところで、まず、普通はそんなお値打ち株を見つけることはできない。仮に見つけられたとしても、何かしら重大な課題を抱えており、これまでは20％成長を続けてきたが、今後はどうなるか分からない先の暗い銘柄ばかりがスクリーニングに引っかかることになる。

　ところが、実は私は何度もこの条件をクリアした株を買って大儲けをした。リーマンショックや新型コロナショックなどの大暴落の直後や、一時的な損失のため一見PERは数十倍に見えるがよくよく調べると実力的には8倍以下という株を探して買うのである。

また、先ほどの条件に少し足りない「PER9倍、年成長率18％、自己資本比率45％の株は買えないか？」というと、もちろん、そういう株も十分買うに値する。

　もっと言うと、スクリーニングをかけてデータ的にトップクラスの成長株や割安株を狙うより、やや順位を落とすその下のクラスに思わぬ大化け株が隠れている。経済紙や株雑誌などで、「これから上がる割安成長株ランキング」などと題したスクリーニング結果が記事になることがある。こういうのを読むと、大抵、私好みの不人気成長株は、トップテンには入っておらず、20〜300位くらいの範囲に隠れている。

　逆にトップテンは要注意だ。「PER6倍＋過去3年の成長率100％」のような組み合わせは、ブームか何かで急激に業績が拡大したものの、今後、そのブームがしぼむ可能性が高いなど、大抵は重大な不安要素が存在する。

　何が言いたいかというと、過去の成長率データだけでは、未来の成長率を予想するには不十分だということである。

52 「あるべきPER」の基準表を作って実践に役立てる

　PERの分析に関しては、私は、実践的な観点から、あるべきPERの基準となる表を用意した（図表57）。表は、縦に成長性つまり先行きの観点から、横にリスクつまり自信や不安といった観点から、PERの基準値を並べたものだ。これを選考の参考として利用している。

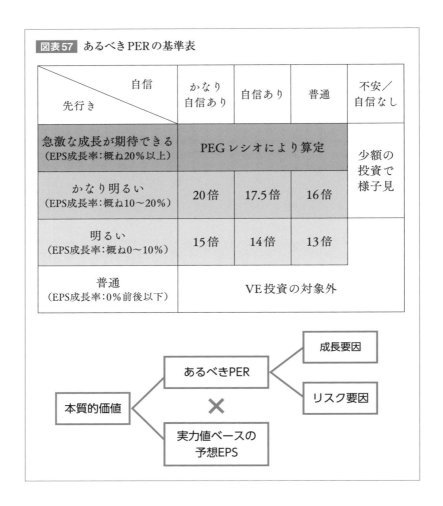

図表57　あるべきPERの基準表

自信 先行き	かなり 自信あり	自信あり	普通	不安／ 自信なし
急激な成長が期待できる （EPS成長率：概ね20％以上）	PEGレシオにより算定			少額の 投資で 様子見
かなり明るい （EPS成長率：概ね10〜20％）	20倍	17.5倍	16倍	
明るい （EPS成長率：概ね0〜10％）	15倍	14倍	13倍	
普通 （EPS成長率：0％前後以下）	VE投資の対象外			

基準より50％割安で買いたい

　できれば、この基準の半分の水準で買いたい。10％や20％の割安さでは、誤差の範囲に隠れてしまう。少なくとも基準値×0.75、本音を言えば、基準値×0.5で買いたい。

　ただし、これはバリュー投資的基準であり、上に行くほど、つまり

成長率が高まれば高まるほど、グロース投資的な判断力が必要となってくる。

先行き「普通」：バリュートラップの可能性があるので除外

それでは、あるべきPERの基準法を下から順に見てみよう。「いろいろ調べてみたが、今後はそれほど大きな成長は期待できない。先行きは普通」というケースだ。このような投資対象はたとえ割安でも見合わせたほうがよいだろう。いわゆるバリュートラップと呼ばれる、いつまで経っても株価が上がらない現象に悩まされることになる。「EPS→株価→」のままでは、バリューは拡大しないからだ。

あくまで先行きの明るい企業に限定して投資するのがVE投資の重要なポイントといえる。

先行き「明るい」：平均から基準値を設定

次に下から2番目。先行きに明るさを感じるケースだ。その企業がやっている新たなチャレンジが収益に貢献し始め、これまでの状況と大きく変わりそうな予感がする。あるいは、外部環境が大きく変わり、この会社が地道に開発してきた商品の需要が今後大きく伸びそうだ。そのようなケースだ。

この場合は、あなたの自信の度合いによって、妥当と思われるPER水準を3段階に設定しよう。私は、かなり自信がある場合の基準値を日本株の平均的PERの15倍（➡35）とし、自信の度合いによって、14倍、13倍と基準値を下げることにした。「自信がない＝何かしら不安要素がある＝リスクが高い」ときには評価を下げる。また、一番右側、つまり先は明るいが、かなりの不安要素が含まれる場合は、投資対象から外したほうがよいだろう。いったん様子見か、さらに深く調べて、先行きに自信が持てるまで、購入を見送ろう。

先行き「かなり明るい」：「平均＋25％」から基準値を設定

　下から3番目。その企業の経営判断がズバリ的を射て、かなりの成長が期待できそうなケースである。この場合は先ほどより基準値を上げてよい。非常に古くからの経験則として、「成長株を市場の『平均値＋25％』以下の水準で買えば、かなりの確率で成功する」というのがある。この発想を取り入れた。

　「うん？『明るい』『かなり自信あり』のPER15倍を1.25倍すれば18.75倍となるのに、同じ列の上側はPER20倍って、計算を間違えていませんか？」。そんな細かいことを気にする人がいるかもしれない。が、何度も言うように人々の想像で成り立っている秩序に対しては、自然科学のような厳密性を適用すべきでない（➡5）。ざっくりと覚えやすいPER20倍を私は基準値としている。

　ただ、あなたの基準値は18.75倍でも別に構わない。表全体をより安全側に見直していただいても一向に構わない。

　さて、この行の一番右側を見てほしい。先行きはかなり明るいものの、それが本当にうまくいくのか自信を持てないケースだ。たぶん、実際にVE投資を始めると、こういう状況を何度も経験することになるだろう。どんな銘柄にもあなたを不安にさせるのに十分なマイナス要素は事欠かない。

　そこで、私が実践でやっている現実解は、「とりあえず、少額買う」だ。少額でも実際に株主になることで当事者意識が発生し、より深く調査をするモチベーションになる。さらに調べて、不安が解消されれば、左に進んで、PER16倍を基準にすればよいし、いつまで経っても不安が解消されないなら、そのまま少額の投資を続ければよい。

　「ギャンブルにおいて、いくら賭けるのが正しいか？」を数学的に解明したケリー基準によれば、一定以上の期待値を有し、確率は低いものの、もしうまくいけば大きなリターンが狙えるタイプの投資対象には、わずかでもよいので、とりあえず張っておくのが正解だ。資金

に余裕があるなら、この判断を採用しよう。

「急成長が期待できる」：PEGレシオで判断

　一番上、今後急激な成長が期待できる場合は、グロース投資家の判断基準であるPEGレシオが役に立つ。

図表58 PEGレシオ

PEGレシオとは、PERと利益成長率が同じなら、概ね株価は妥当な水準だと判断する方法だ。

$$PEG レシオ ＝ PER ÷ 当期純利益の成長率（年率）$$

この数字が1前後なら妥当、0.5以下なら非常に有望、2を超えればかなり危険と判断する、昔ながらの経験則に基づいた指標である。

PEGレシオ1倍株のその後のPER変化

PER、利益成長率	1年後PER	2年後PER	3年後PER
50（倍、％）	33.3（倍）	22.2	14.8
45	31.0	21.4	14.8
40	28.6	20.4	14.6
35	25.9	19.2	14.2
30	23.1	17.8	13.7
25	20.0	16.0	12.8
20	16.7	13.9	11.6

（株価がそのまま変わらない場合）

　PEGレシオとは、PERと当期純利益の成長率（年率）が同じなら、概ね株価は妥当な水準だと判断する方法だ。

　式で説明すると、次のようになる。

PEGレシオ＝PER÷当期純利益の成長率（年率）

　この数字が1前後なら妥当、0.5以下なら非常に有望、2以上ならかなり危険と判断する、昔ながらの投資基準である。仮にPERが50倍と割高に見えても、今後の成長率は100％以上が期待できるようなら、PEGレシオ＝50（倍）÷100（％）＝0.5となり、割安と判断するのである。

　これも理系の人には違和感のある計算式かもしれない。「明らかに異なる概念の数字を除した数字を基準にするなんて…」。しかし、この経験則には根拠がある。仮にPERと成長率が同じとして、その状態が3年も続けば、3年後には概ね妥当なPER水準に収まるのだ。

　図表58の一覧表は、PEGレシオ1倍株がもし株価が変わらないなら、その後の利益成長によってどうPERが変化するかを表している。

　一番左側の列がPERと利益成長率を表す。どちらも同じ値なので、例えば一番上の行、PERが50倍の株でも、成長率が50％なら、もし株価がそのままなら、1年後にはPERは33.3倍となり、2年後には22.2倍、3年後には14.8倍となる。つまり、3年後まで急激な成長が続くようなら、その後は成長が鈍化したとしても、概ね妥当な株価だと判断できるのである。表現を変えるなら、今後3年間の利益成長を既に織り込んだ状態ともいえる。少しでも利益成長に鈍化の兆しが見えれば、株価は大きく下がることになる。

　バリュー投資家は、PEGレシオが0.5倍以下で買える日を夢見ている。結局のところ、安く買うことこそが、リスクを下げ、リターンを上げる最良の方法なのだ。そうはいっても、現実はそう簡単に見つか

るものではない。いくつもの条件が重なる必要がある。

成長企業はメトロノームのように一定間隔で成長を刻んだりはしない

　何度も説明しているように、株式投資のリターンは、割安さの解消と利益成長の2つからなるということだ。特に、利益成長率が非常に高いグロース株については、割安さにこだわり過ぎると、かえって失敗する。たとえ割安に買えなくても、その成長率からもたらされるリターンのほうが膨大になるためだ。PEGレシオが1前後でも、本当に自信があるなら買いと判断してよい。

　現実の成長企業は、メトロノームのように一定の間隔で成長を刻んだりはしない。素人目にも今後3年程度30％もの成長が見込めるような急成長株を手にしたなら、場合によっては次の1年間で利益を50％とか100％といった単位で増やし、あなたを大いに喜ばせることもあるだろう。

　特にネット系企業や、やっと赤字をクリアしたばかりのベンチャー企業は、一度仕組みが完成すると、コスト拡大を抑えながら、売上を急拡大させることがあるため、要注意である。

予想に最善を尽くし、株の世界を分かっている人になる

　「明るい」と「かなり明るい」との線引き、また、「かなり明るい」と「急激な成長が見込める」との線引きは曖昧である。ただ、一応、前者は成長率10％程度、後者は成長率20％程度にラインを引いてもらいたい。あるべきPERの基準表の中にEPS成長率の予想範囲を入れているのはそういうことだ。

　ただ、これも現実問題として、素人がEPS成長率を精緻に計算することは難しい。プロでも頻繁に間違える。

　そこで、どれだけ成長するかは分からないが、先が明るいなら、それを成長株と判断し、人々の平均評価と比べて、大差がない、あるい

はわずかしか高く評価されていないなら、十分に割安だと考えるのである。

　論語に「知らざるを知らずと為す。これ知るなり」というのがある。知らないことを知らないと自覚できている状態こそ、知っている状態と言える、といった意味だ。どうやっても分からないことについては、最初から分からない前提で、しかし、調べれば分かることについては最善を尽くす。最後は感性も使って、最善の予想ができる人間になれば、株の世界を分かっている人になれる。

　未来に対しては謙虚さが重要である。VE投資法は、未来の方向性までは十分予想がつくものの、いつまでに何がどうなっているかといった、精緻な未来の姿なんて誰も分からないという前提で投資戦略を構築している。正解とまでは言えないが、恐らく、最善といえるだろう。

Lesson *12*

『会社四季報』を読破する

個人投資家の必携本

53 「継続は力なり」が実を結ぶ

　割安な成長株を探索する方法として、私が実践しているのは、東洋経済新報社が発行している季刊の株式投資情報誌『会社四季報』（以下、四季報）の通読である。

　「えぇ～。あんな分厚い本を3か月に1回読破するなんてあり得ない！」。この話をすると、多くの人は驚きと拒絶の反応を示す。

　しかし、考えてみてほしい。毎日つらい思いをして会社で働いても、1年間に貯められる金額は本当にわずかだろう。仮に100万円貯められたとして、その努力を10年間継続してようやく1000万円だ。

　一方で真剣に成長株を探して10倍株を見つけて100万円分買えば、あとは何もしなくても100万円を1000万円に増やせる。10倍株は無理にしても、買値から2～3倍に値上がりする株でも、金銭的な余裕は一変するはずだ。そのための努力として四季報を読む程度の手間は十分に割の合うものだと思うが、いかがだろうか？

　四季報通読のメリットの1つ目は、上場企業を網羅的に知ることができる点である。四季報に掲載されている3919社（2023年4集秋号）という企業数は確かにとても多いが、手に負えないほど膨大な数でもない。大学受験に必要な英単語数（センター試験に必要な単語数は5000語と言われている）よりも少ない数字だ。単語力がないと英語の試験で高得点が狙えないのと同じく、企業についての知識がないと大化け株を見いだす力も不足する。四季報が発行されるたびに読み込めば、次第に企業名やその会社の概要が頭に入ってくる。しばらくは結果が伴わないかもしれない。しかし英単語学習と同様に、この取り組みはいつしか結果を出し始め、それに合わせて実力も着実に付いてくるはずだ。

2つ目のメリットは、読み続けることで相場観が身に付くことだ。すべての企業のPER、PBR、ROE、時価総額といった主要な株価指標の数値をざっと流し読むことで、市場は大体どのくらいの水準を妥当と判断しているのか、おおよその数字を感覚的につかめるようになる。自分の保有銘柄だけを見ていると、まだまだ値上がりする気もするし、逆に値下がりしてしまうのではないかと不安にもなる。多くの企業の現実の数字を知ることで、自分の保有株が割安なのか割高なのか判断軸を持つことができるのだ。

　相場は生き物である。ネットか何かで、「PER10倍以下、PBR1倍以下は割安と判断できる」などといった知識を得たとしても、それだけでは使えない。割安には割安である理由が存在するからだ。その理由を1つひとつ理解しながらPERやPBRを確認することで、初めて割安か割高かという真の判断ができるようになる。その力を付けるために四季報を読むのである。

　3つ目のメリットとしては、四季報を通読することで、成長株を見つけるチャンスが広がることだ。普段、いくらアンテナを高く張っていても、心理的な盲点にはまって、それが投資のネタだと気付かないことがある。ところが、四季報で具体的な企業情報を知ることによって、急にパズルのピースが埋まるように、有望株を発掘できることがある。

　最後の4番目のメリットとして、値上がりする株の傾向がつかめる点を挙げたい。通常は四季報に掲載されている企業の中から有望と思われる企業をいくつかチェックしておき、その後、そこからさらに有望な選りすぐりの企業のみを購入する。このような手順で丹念に企業情報を調べ続けていくことになる。

　その中で、チェックはしたものの、「買わない」と判断した銘柄のほうが大きく上昇するケースが結構出てくる。「しまった。この株がこんなに上がっていたとは……」。恐らくあなたはこんな悔しい思い

を何度も味わうことになるだろう。ここで「悔しいからこの会社のことはもう二度と調べない」と思わずに、「なぜ、こっちの株のほうが値上がりしたのか」と原因を丹念に調べる。そうすることで、株価が上昇する理由を極めて実践的に理解することができる。

 ## 最初は興味の湧く銘柄だけ、ポイントをパッと見てさっと判断

　結局はこの繰り返しである。この繰り返しが実力となり、投資力という本当の財産を手にすることができるのである。

　ただし、投資初心者がいきなり四季報を読破するのは確かに敷居が高い。そこで初心者の方に対して私がお薦めしたいのは、あなた自身がよく知っている、つまりあなたの強みが生かせる企業だけを読む方法である。

　最初のページから猛スピードで読み飛ばしていき、興味の持てる銘柄だけをじっくり読むだけでもよい。それでも100銘柄くらいはあるだろう。その数を少しずつ増やしながら株の楽しさを体感していけば、いずれは四季報を通読せずにはいられなくなるはずだ。

　企業名と特色、各種の指標（PER、PBR、ROE、ROA、時価総額、自己資本比率、キャッシュフロー、有利子負債、予想配当利回りなど）、株価チャートと業績の推移をパッと見て、割安さや成長性の観点から「買えるものか、買えないものか」を判断していくのだ。

　最初は時間がかかるかもしれないが、やることはワンパターンだ。図表59に示したポイントをパッと見て、さっと判断する。この繰り返しだ。慣れてくれば、1週間程度で読破できるようになるだろう。

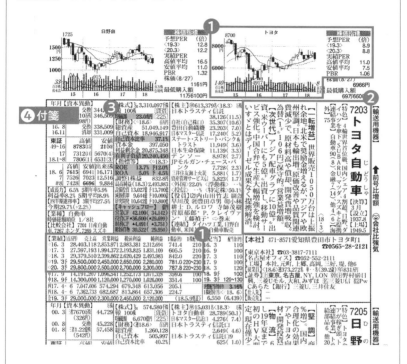

図表59 『会社四季報』の読み方

❶右上の予想PER・PBR及びチャートと左下の業績推移を同時に見るイメージ。業績が安定して拡大していれば、成長株候補。さらに業績が良いのにチャートが下落していたり、業績の割にPERが低いと感じたりした場合、割安株候補となる。パッと見て、違和感を抱けるようになろう。

❷次に企業名と文字情報から、今後の業績拡大のヒントを得る。あなたの実体験と結びつくようなら、あなたならではの強みを生かせる銘柄と言える。

　　　～ここまでで何の興味も持てないなら、次の銘柄に移る～

❸何らかの興味を持てるようなら、さらに時価総額、自己資本比率、ROE、ROA、キャッシュフロー、配当利回りなどを見て、有望度を総合判断する。有望と判断できれば、❹付箋を付けて、次の銘柄に移る。

出所：『会社四季報 2018年4集秋号』（東洋経済新報社）

55 数字は絶対値で評価しないで比較する

　各々の株価指標は、その絶対値で割安度を判定してはいけない。VE投資法の考え方に沿って、業績の推移も勘案して今後の成長性（業績の伸び）に対して割安かどうかを検討しなければならない。

　同じことは、自己資本比率や有利子負債、キャッシュフローといった財務の健全性に関する指標についても当てはまる。業態やビジネスモデルを考慮しながら、複数の指標を照らし合わせて総合的に判断する。例えば、有利子負債の数字だけを見て借金が多いと判断してはならない。同時にキャッシュフローの最下段に記載されている現金同等物の額と比較して保有現金に対して借金は過大かどうかを見たり、時価総額と比較して企業の規模に対して借金が過大かどうかを調べたりして、財務の健全性を総合的に判断していく。

56 見つけた有望株を比較検討する

　四季報を1冊読破すると、有望株を数十銘柄は見つけることになると思う。次にすべきは、これらの有望株同士の比較、さらに既に保有している銘柄との比較だ。それらの比較の結果、選りすぐりの数銘柄だけを購入するようにする。この最後の選別によって投資力が養われるのである。

　整理すると、「四季報で有望株を探す→ホームページなどで詳しく調べる→他の有望株や保有銘柄と比較する→株式の購入に踏み切る」という手順になる。

「SNSやネットの掲示板で話題になっている株を買う」といった初心者が陥りがちな投資行動との大きな違いは、深さと広さだ。初心者はどうしても視野が狭くなりがちで、話題になっている噂のようなものに意識を集中させてしまう。そうではなく、幅広く銘柄を調査して、有望株については深く研究した上で他の銘柄と比較検討するという手順を身に付けよう。

　割安さや成長性の観点から何の興味も持てないような銘柄については、特に時間をかける必要はない。パッパ、パッパと読み飛ばして時間を節約しよう。もしかすると、読み飛ばした中にも大きく値上がりする銘柄があるかもしれないが、「ご縁がなかった」くらいに思って執着しないことだ。

57　四季報通読の注意点

　最後にいくつか注意点を挙げておきたい。まず、各社の四半期決算が発表されてから四季報が発刊されるまでには1か月かそれ以上の時間差がある。データの新鮮さという観点からは価値が低く、短期トレードには向かない。あくまで中長期投資を前提にしてほしい。

　また、同じ理由から発売直後に気合を入れて誰よりも早く読破するという努力も空しい。1か月以上かけて読破しても別に問題ないし、購入候補を選んでおいて、次の四半期決算の内容を見てから買うという判断でも、間に合うケースがある。大きなサプライズでもない限り、業績の反映やそこから生まれる割安さの是正といった株価の変動は、決算発表の直後に瞬時に解消されるものでもない。数か月がかりで徐々に修正されるケースも多い。素早さよりも正しく見る目を鍛えることが重要である。

探索と分析の手順
コロナショック時の実践例

成功例
5

MCJ
「知る人ぞ知るレベル」に勝機

　コロナショック直前の2020年正月、部下から、こんな相談があった。

　「年末にボーナスが出たので、奥山さんの株の本を読んで、MCJ（6670）という株を購入してみました。どう思われますか？」。MCJは「マウスコンピューター」でおなじみのパソコンなどの製造小売会社である。

　聞くと、私の著書『エフナン流株式投資術』に書いてあった通りに『会社四季報』を丹念に読み込み、彼なりに選んだ株だという。ボトムアップ（➡50）の手法を試したといえよう。

　私はこの手の個人的な投資話にまともに相談に乗ることはないのだが、『そこまでやったというのなら』と家に帰って、『会社四季報』を確認した。第一印象は「なかなか面白い」だった。

■ 四季報をチェックし、あるべきPERを推定

　『会社四季報2020年新春号』でMCJのページを見ると（図表60）、2017年3月頃からの長期チャートは横ばいかやや上昇といった印象を受ける（❶）。一方で、業績推移を見ると素晴らしい。過去4年増収増益を続け、今期も増収増益が見込まれている（❷）。VE投資一覧表に当てはめると、図表61に示したように「EPS↑株価→」のパターンに該当しそうだ。

　予想PERは9.7倍となっている（❸）。この予想数字はMCJ社が出したものではなく、会社四季報のスタッフが独自に算出したEPSを基に計算されたものだ。会社予想PERと比べて、バイアスや直近の外部環境などが考慮されており、より精度が高いといえよう。

図表60 『会社四季報』のMCJ記事

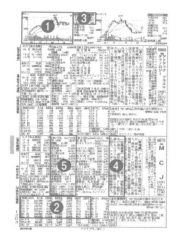

④
【台風被害】19年10月台風で一部製造委託先が被災、部材や在庫に被害。PC納期に遅れも11月下旬に新委託先稼働し早期正常化図る。eスポーツ大会に製品積極貸与。

⑤
【株式】	ⅿ⁄₃₁ 101,774千株
単位	100株　優待
時価総額	814億円
【財務】〈連19.9〉	百万円
総資産	73,804
自己資本	40,437
自己資本比率	54.8%
資本金	3,868
利益剰余金	28,679
有利子負債	14,834
【指標等】	〈連19.3〉
ROE	18.3% 予20.0%
ROA	9.1% 予11.0%
調整1株益	―円
最高純益(19.3)	6,655
設備投資	1,234 予‥
減価償却	528 予‥
研究開発	87 予‥
【キャッシュフロー】	百万円
営業CF	4,093(7,749)
投資CF	▲1,755(▲3,036)
財務CF	1,506(▲2,266)
現金同等物	21,201(17,932)

③
株価指標	
予想PER	（倍）
〈20.3〉	9.7
〈21.3〉	8.9

① MCJ　修正後

1047

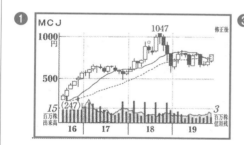

②
【業績】(百万円)	売上高	営業利益	経常利益	純利益	1株益(円)	1株配(円)
連15. 3*	102,889	5,068	5,217	2,627	26.9	5
連16. 3*	103,288	5,167	5,014	3,087	31.7	6.5
連17. 3*	108,727	7,463	7,503	5,030	51.7	13
連18. 3*	124,544	8,504	8,743	5,811	59.7	18
連19. 3	137,264	9,688	9,690	6,655	67.9	20.5
連20. 3予	148,000	12,000	12,000	8,100	82.6	24.8
連21. 3予	150,000	12,800	12,800	8,800	89.7	25.3

出所：『会社四季報 2020年新春号』（東洋経済新報社）

189

MCJの主力事業であるマウスコンピューターは、テレビCMでも見かけていた。破壊的イノベーションの初期段階によくある「なんか、安っぽいけど、うまくニーズをつかんでいる」タイプの企業に見える。ユニクロもソフトバンクもドン・キホーテも、最初はこんな感じから始まった。また、パソコンの製造販売というと、その昔、米国のデル社が急成長したのを思い出す。

もし、そんな先の明るい成長企業なら、PER9.7倍はいかにも割安だ。過去3年間の利益成長率はざっと20%近くあり、あるべきPERは、少なくとも16〜20倍はあってもよさそうだ（図表62）。それが10倍を下回るなんて…。

四季報のコメント欄を見ると工場が2019年の台風19号で被災していたことが分かる（❹）。もし、被災していなければ、この会社はもっと利益を出したことだろう。台風の被害は一時的な損失であり、この会社の長期的な実力とは関係ない。

自己資本比率は54.8%と問題ないし、有利子負債148億円に対し、現金同等物は212億円もあり、実質無借金経営といえる（❺）。配当利回りも3.1%は悪くない。

1次選考は合格だ。

「おまえ、なかなか筋が良いよ。こいつは化けるかもしれない。ただ、一点、注意したいのは、パソコンには独特の販売周期が存在する。2020年3月期はちょうど、ウインドウズ7のサポート終了と重なり、買い替え特需が発生した。来期はその反動が出るかもしれない。マーケットはそれを織り込んでいる可能性がある」。翌日、彼にはそう告げて、そのままにしていた。

図表61 MCJ（6670）のVE投資一覧表

	❶	❷	❸	❹	❺
EPSの変化	→	↑	↑	↑↑	↓
株価の変化	↓	↓	→	↑	↓↓
予想PER			9.7		

図表62 MCJ（6670）のあるべきPER基準表の該当箇所

自信 先行き	かなり 自信あり	自信あり	普通	不安／ 自信なし
急激な成長が期待できる （EPS成長率：概ね20%以上）	PEGレシオにより算定			少額の 投資で 様子見
かなり明るい （EPS成長率：概ね10～20%）	20倍	17.5倍	16倍	
明るい （EPS成長率：概ね0～10%）	15倍	14倍	13倍	
普通 （EPS成長率：0%前後以下）	VE投資の対象外			

■ トップダウン・アプローチでの銘柄入れ替え

　ちょうどその頃、中国で新型コロナウイルスの問題が発生している
というニュースを初めて耳にしたが、まさか、その後、世界中を巻き

込む大災厄に発展するとは思ってもみなかった。当初はSARS（重症急性呼吸器症候群）やMERS（中東呼吸器症候群）のように地域限定・期間限定の問題と高をくくっていたのだ。

　しかし、しばらく安定していたマーケットは2月下旬に突如、動揺し始め、3月に入ってからはパニック相場の様相を呈した。

　暴落が起こると、自分自身も相当なダメージを受けるのだが、それ以上にチャンスも広がる。私は興奮していた。私の保有株式は年初から30％も下落していたが、「このビッグチャンスをどうモノにするか？」に興味が向いていた。まずは、トップダウン・アプローチ（➡50）で銘柄の入れ替えを検討した。

　トップダウン・アプローチでは、まず、核となるキーワードを書き出し、連想ゲームのように関連するキーワードを書き出していく。また、ネットニュースなどで意外と思ったキーワードも別途、書き出しておこう。単なるアイデア勝負ではなく、既に起こり始めた変化を裏付けとして確認するのだ。図表63は、それらの抜粋資料である。

　次に、このキーワードを基に投資対象を探し出す。もしかすると、定性情報をAIなどで機械的に抽出するツールが既に開発されているのかもしれないが、少なくとも個人投資家レベルには提供されていない。そこで、昔ながらのやり方で恐縮だが、私は、紙の日本経済新聞の株式欄を広げて、キーワードが多く当てはまりそうな銘柄を1つひとつ赤ペンで線を引くようなやり方を採用している。

　次に、抽出されたそれらの銘柄を会社四季報で確認し、前述のMCJでやったような1次選考を実施するのである。

　巣ごもり関連株としては、既にゲームやネット関連株が注目され急騰していたので、そういうど真ん中を避け、例えば、電子書籍や筋トレといった、その周辺で自分でも理解できる分野を調べた。アウトドア関連であれば、虫よけや殺虫剤。リモートワークであれば、リフォーム関連といった具合だ。

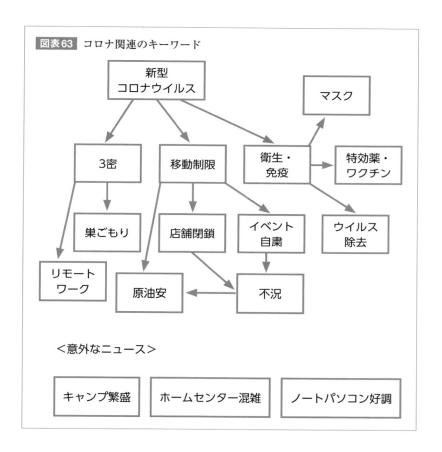

図表63 コロナ関連のキーワード

新型
コロナウイルス

マスク

3密

移動制限

衛生・
免疫

特効薬・
ワクチン

巣ごもり

店舗閉鎖

イベント
自粛

ウイルス
除去

リモート
ワーク

原油安

不況

<意外なニュース>

キャンプ繁盛　　ホームセンター混雑　　ノートパソコン好調

■ 投資ストーリーを作り上げる

　さて、そんなアプローチをしながら、正月の部下との会話を思い出していた。テレワークにはノートパソコンが必需品だ。MCJには追い風が吹いている。当時はウインドウズ7サポート停止の反動減が危惧されたが、もはやそんな状況ではない。

　中国からの部品供給停止を不安視してこの会社の株価も他と同様に大きく下落しているが、ホームページを見ると、積極的に販売キャン

ペーンを打ち出している。テレビCMもがんがん流れており、影響が大きいようには思えない。仮に影響があったとしても、中国は既に新型コロナウイルスのピークを過ぎ、生産再開に向かって動き出している。いずれ良くなるのは明らかだ。

　ちょうど娘の学校でもリモート学習を計画しているとのことで、ノートパソコンを買いに家電量販店に入ってみた。やはり、多くのパソコンメーカーは部品供給の問題で在庫切れを起こしている。ただ、相談にくる客は後を絶たず、パソコンコーナーは「3密」に近い状態となっていた。

■　一時的な現象か？ 持続的な変化か？

　テレワークは、新型コロナウイルスが流行している今だけの一時的現象だろうか？　そうではあるまい。実際、私自身、自宅でテレワークを始めてみたが、むしろオフィスよりも仕事がはかどる。わざわざ客や関連部署のところに足を運ばなくても「ウェブ会議でも失礼ではない。むしろありがたい」というコンセンサスが取れたのは大きい。会議室よりも、プレゼンも見やすいし、プロジェクターとの接続に頭を悩ませる必要もない。リモートによって削減される移動コストや不動産コストは莫大だ。常にコストダウンに目を光らせている企業が、この変化を見逃すはずがない。ノートパソコン代なんてすぐ元が取れるだろう。

　今回はあまりに緊急性が高かったため、多くの企業はまだリモートワークに対応しきれていない。家で自己研鑽をしている人や自宅の個人パソコンで仕事を余儀なくされている人も多いと聞く。リモートシフトが進めば、まだまだノートパソコンは売れるだろう。

　3月中旬にMCJの株価は500円前後で底を打ち、3月末時点では600円前後まで戻していたが、それでも正月の800円前後からすると、25％ダウンの大バーゲン中である。PER9倍台でも安いと思ったのに、

図表64 MCJ（6670）の株価推移

この状況を勘案すると、本当の実力に対するPERは5〜6倍といえる。どう考えても買いだ！！

　私はこの株をコロナショックの真っただ中にPER6倍ほどで買うことができた。なぜ、そんなに割安で買うことが可能だったのか？

　まず、MCJの主力ブランド「マウスコンピューター」にそこまでの知名度はない。最近は有名芸能人を使ったテレビCMなどで多少は知られるようになってきたが、その良さはまだ知る人ぞ知るレベルである。それが良い。知る人ぞ知るレベルの時に株を買い、そのブランドが広く浸透した後に売ることができれば、とんでもなく大儲けできる。ユニクロもニトリもワークマンも上場当初は知る人ぞ知るレベルだった。

　次に市場である。MCJは2021年9月現在東証2部だ（現在は東証スタンダード）。これがまた良い。東証2部は、平たく言えば、2部リーグである。　あなたがチームを勝たせるミッションを背負うスカウトマンだったとして、もし実力が同じなら、1部リーグで活躍する名プ

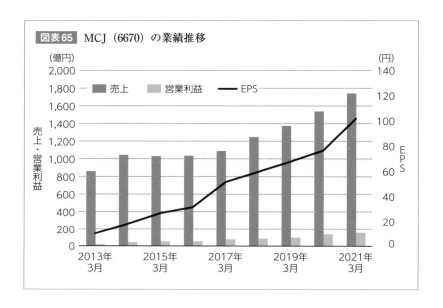

図表65　MCJ（6670）の業績推移

レイヤーと2部リーグで頑張っているこれからのプレイヤーなら、どちらと契約を結びたいだろうか？　当然、全国的には知られていない2部リーグのほうが、契約金は少なくて済むし、恐らく将来性は前者より高い。

　最後にタイミングである。もう一度、MCJ株のチャートを見てほしい。2016年前半には200円ほどだった株価が2018年9月には1000円を超えて上昇している。2年ちょっとで5倍高だ。これだけ上昇すれば、さすがに利益確定の売りも増えたのだろう。その後、2019年末まで1年以上の間、600〜800円の価格帯で停滞が続いていた。その挙句のコロナショックだ。　私はコロナショックの真っただ中、2020年3月にこの株を平均買値610円ほどで買った。その水準は3年前の2017年3月頃と同程度である。2023年9月現在は1150円程度で推移している。

失敗を糧にする

悪いクセや思い込みをなくす

58　失敗を見つめ直して、その克服方法を考えていく

　「ネットで話題になっている株の人気に便乗しようとして、見事に天井で買ってしまった」「当初のもくろみが大きく外れたにもかかわらず、いつまでもその銘柄に固執して損を膨らませてしまった」「後に価格が10倍になった成長株を買値から30％も上がったら喜んで売ってしまった」

　これらはすべて、私が30年余りの投資歴の中で経験した数多くの失敗のごく一部である。私も失敗をたくさんしてきた。株式投資を続ける限り、すべて読み通りなどということは絶対にない。どこまで調べても、どれほどセンスがあっても、不確実性の餌食になることはある。

　ただ、私の経験上、人々が心配しているほど不確実性は株主を破滅に導かない。むしろ、調査不足や経験不足、リスクの取り過ぎなど、自分側に失敗の原因があることのほうが圧倒的に多い。

　読者の皆さんの多くも同様の経験をされているだろう。こうした失敗は二度と思い出したくないかもしれないが、一度冷静にそれらを自分自身の弱みとして見つめ直してその克服方法を考えていくことも必要だ。

59　思い込みがないかを疑う

　「企業の成長に賭ける」。このシンプルな発想で投資すると、恐らくあなたはいくつかの壁に突き当たることになる。ただし、それは才能

や努力の限界といったスポーツや受験などで誰もが突き当たる壁とはやや異なる。うまくいかない個人投資家の大半は、「モノゴトを正しく見ることができない」という壁に突き当たってしまうのだ。困ったことに、本人はそれに気付かないか、気付いていてもそれを修正しようとは思わないため、なかなかこの壁を突破することができない。この点について説明しよう。

　まずは自分の持つ投資に対する思い込みを疑ってほしい。多くの人は、これまでの人生から「株とはこういうものだ」と何らかの信念を持っている。しかし、それが大抵の場合、大きくズレている。

　例えば、誤った信念には「景気が良いと株価は上がり、景気が悪いと株価は下がる」「成長株は期待の成長産業から生まれる」「小まめな損切りをしないと株では勝てない」などがある。これらはおおむね正しいように感じられるが、少なくとも成長株投資においては、誤っていることのほうが多い。

　より本質的なところで初心者が間違えやすいのは、短期の株価変動の捉え方だ。例えば、長期的な株価は日々の株価の積み重ねで形成されているから、短期的な判断力が長期投資でも生かされるという発想である。私もかつてはこの考え方に支配されていた。

　プロ野球のペナントレースを思い出してほしい。約半年間のシーズンの中で1つひとつの試合の勝ち負けが積み上がり、結果として最も多く勝ったチームが優勝する。当然のことながら、夏が終わって残り10試合の状況で、勝率が4割そこそこのチームでは、もはやリーグ優勝は不可能だ。

　株の場合はどうだろうか。景気の動向が懸念されたり、イメージの悪いニュースが飛び出したりして、春先から20％も下がった株があったとしよう。ところが、4～9月期の中間決算が発表されると、驚くほど業績が良く、前年同期に比べて20％以上もの増益だった。分析してみると、この会社のビジネスモデルは景気との連動性が低く、

また「悪いニュース」と思われていた問題についてもうまく乗り切っていたことが判明した。するとどうだろう。株式市場は手のひらを返したように、評価を一変させ、翌日から株価は急上昇する。こうした場合、数日のうちに株価が40％以上も上昇することもある。

　このケースでは、半年間の大半は投資家の懸念や思い違い、あるいはそれを狙った投資家の投機的な動きによって、株価は下がり続けた。そして、決算発表後の数日間だけ、企業のファンダメンタルズ（基礎的条件）が反映され、長期的に意味のある値動きをしたことになる。

　近年、心理学の知見やAIが投資に応用されるようになった結果、このような現象が頻発している。短期的な株価は投資家の心理ばかりを反映し、実際の企業業績とは無関係に動きやすくなっている。プロ野球のペナントレース的な積み上げ思想は捨て去らなければならない。短期的な株価は必ずしもファンダメンタルズと連動しないという前提で投資をするのだ。

下げ相場では「自分はギャンブル依存症ではないか?」と疑ってみる

　個人投資家にとって「下げ相場をどう乗り切るか」は「上げ相場でどう儲けるか」以上に重要といえる。大きな下げ相場ですべてを失わないための対処法について説明しよう。

　まずは図表66のグラフをご覧いただきたい。これは、バブルがスタートしたとみられている1986年から2018年8月末までの日経平均株価の推移を示すチャートだ。

　ITバブル崩壊やリーマンショックといった後世まで記憶されるような暴落においては、日経平均は半値以下に下がってしまう。また、

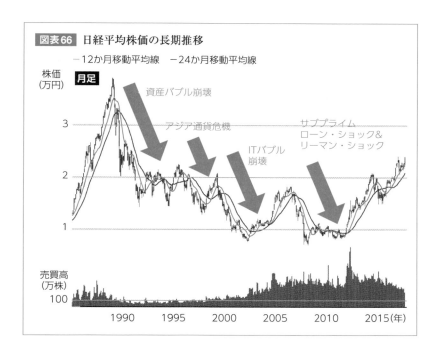

図表66 日経平均株価の長期推移

－12か月移動平均線　－24か月移動平均線

株価
(万円)　月足

資産バブル崩壊

アジア通貨危機

ITバブル
崩壊

サブプライム
ローン・ショック＆
リーマン・ショック

3

2

1

売買高
(万株)
100

1990　1995　2000　2005　2010　2015(年)

　下げ相場は必ずしも一本調子ではないことも目に留まるはずだ。大きく下げた後には大抵落ち着きを取り戻す局面が数週間から数か月は続く。しかし、「このまま上がり続けてほしい」という個人投資家の願いもむなしく再び暴落が襲ってくる。それが二度三度と繰り返すとほとんどの個人投資家は精神的に持ちこたえられない。そしてSNSには、「夜も眠れない」とか「もう無理」といった悲愴な書き込みがあふれることになるのである。

　ここで誰もが抱くのは「どうして天井付近で売却して手じまいしなかったのか」という疑問だ。第三者的な目で冷静に見ると、「それまでの上げ相場で相当儲けていたら、下げ相場まで付き合う必要はない。ちょっと損したくらいのタイミングで投資をやめればよかったのに……」などと助言したくなろう。

　やめられない原因はいくつか考えられるが、最大の原因は依存症ではないかと私は疑っている。図表67は、米精神医学会が定めたギャンブル依存症の診断基準だ。10項目のうち5項目以上に該当するとギャンブル依存症と診断される。

　「ギャンブル」を「株式投資」に置き換えて10項目を読むとどうだろう。「自分は違う」と思いたいだろうが、胸に手を当てて冷静にチェックすると5項目以上に該当してしまう人も少なからずいるのではないだろうか。

　株式投資がうまく回れば、得られる利益は競馬やパチンコの比ではない。普通の会社員ではまず手にすることのない大金を何度も稼ぐことになる。脳内麻薬のドーパミンが大量に放出されて、依存症的になってしまっても不思議ではない。

　10項目のうち特に問題となるのは3番目と6番目の項目だ。やめたくてもブレーキが利かない。相場は乱高下を繰り返し、明らかに危険な状態であるにもかかわらず、負けを取り返そうとして信用取引や仕手株の売買といったリスクの高い取引に手を出してしまう。波乱相場は、下落幅だけでなく、一時的な上昇幅も大きいのが特徴である。このため、すぐに負けを取り返せるように感じてしまい、撤退するという判断を下せなくなってしまうのだ。

　ちなみに、私も「心配で夜も眠れない」という状況を過去に何回か経験している。その時は8番目と10番目の項目以外のすべてに該当していたと思う。間違いなく私は依存症だった。だからこそ、こうした話も書けるのだ。

　「穴にはまっていると気付いた時、一番大切なのは、掘るのをやめることだ」。これは、ウォーレン・バフェットの格言の1つである。もし自分が依存症気味でその状況から抜け出せないでいると判断できたら、この言葉を思い出してほしい。「損を取り返そう」とポジションをさらに大きくするのではなく、まずは掘るのをやめる。そして、

図表67 ギャンブル依存症の診断基準

この10項目のうち
5項目以上に該当すると
ギャンブル依存症とされる

☑ ❶ いつも頭の中でギャンブルのことばかり考えている。

☑ ❷ 興奮を求めてギャンブルに使う金額が次第に増えている。

☑ ❸ ギャンブルをやめようとしてもやめられない。

☑ ❹ ギャンブルをやめているとイライラして落ち着かない。

☑ ❺ 嫌な感情や問題から逃げようとしてギャンブルをする。

☑ ❻ ギャンブルで負けたあと、負けを取り返そうとしてギャンブルをする。

☑ ❼ ギャンブルの問題を隠そうとして、家族や治療者やその他の人々に嘘をつく。

☑ ❽ ギャンブルの元手を得るために、文書偽造、詐欺、窃盗、横領、着服などの不正行為をする。

☑ ❾ ギャンブルのために、人間関係や仕事、学業などが損なわれている。

☑ ❿ ギャンブルでつくった借金を他人に肩代わりしてもらっている。

自分の状況を冷静に見直すのだ。

　人生は長い。損を取り返すチャンスはこの先何度でもある。勝てる確率の高い局面で自分にとって最高の銘柄を探し出し、満を持して大勝負を仕掛ける。これが成長株投資の醍醐味だ。苦しい局面で起死回生を狙ってリスクの高い大勝負を仕掛けるのは、醍醐味でも成功の秘訣でもない。

　「自分は株式投資依存症だ」。そう気付いた時、私は証券口座から運用資金の大半を引き出して銀行の窓口に行き、安定運用型の投資信託を買った。簡単には株に資金を振り向けられない状況をわざとつくったのである。それでも証券口座に資金の1割ほどを残した。完全にはやめられないことを自覚していたからだ。株の運用資金を急に1割まで減らすと、刺激が小さ過ぎて最初は不満だったが、慣れてくるとその範囲でも損をすれば悔しいし、儲かれば優越感を得られるようになる。完全に株式相場から身を引かずに、少額で様子を見続けることで得られる新たな知見もある。読者の方々にも参考になれば幸いだ。

冷静に判断しているつもりで、大きな間違いを犯しているケースもある

　個人投資家が株式投資ですべてを失う原因は依存症だけではない。冷静に判断しているつもりで、大きな間違いを犯しているケースもある。

　例えば、好景気から不景気に転換した後の大きな下落局面では、それまでの投資の根拠が全く通用しなくなる。景気が上向きと下向きとでは全く景色が変わるのだ。

　特に景気がピークに至った時、業績が景気の動向に大きく左右されるシクリカル株のPERが一時的に非常に低くなるという現象が起き

る。それを見て「バーゲンセールだ」と大勝負を仕掛けたくなるが、これこそ大きな罠である。景気の影響を受けやすい企業の業績は瞬く間に悪化して、PERは一転して急上昇するからだ。

　なぜこのような現象が起きるのか。仮に景気のピーク時にEPSが200円に達し、景気の低迷時には50円の赤字に転落するシクリカル銘柄があるとしよう。図表68の図のように、この銘柄の長期的なEPSの平均値は（200－50）÷2＝75円となり、長期的な適正株価はこの平均値を基に算出するのが合理的である。PERの適正水準が12〜15倍であれば、長期的な適正株価は900〜1125円の範囲になる。

　ところが、実際の株価はこの範囲に収まらない。恐らく景気のピーク時にはその時のEPS200円を基に、適正PERの12〜15倍を掛けた2400〜3000円まで上昇する。だがその後に、長期的な適正株価の範囲を知る投資家の売りで株価は下がり出す。2000円付近まで下がると、EPS200円で算出したPERは10倍となる。とても割安に見える

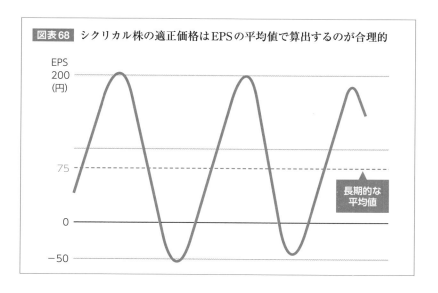

図表68　シクリカル株の適正価格はEPSの平均値で算出するのが合理的

EPS
200
（円）

75

0

－50

長期的な
平均値

が、この水準でも長期的な適正株価と比べると2倍近い高値なので下げ止まらない。目先のPERだけを見て大勝負に出たら、傷口を広げる結果に終わる。

　私は、景気の過熱感が漂って株価がバブル的になったら、さっさとゲームを降りる。特に時価総額の小さい小型株をまとまった金額で買い集めると、価格が下がり始めた後では買い手が付かない。だから、過熱気味に買いが入っているタイミングで早々と売り、その後の株価は気にしない。「頭と尻尾はくれてやれ」だ。

　もちろん、景気低迷は一時的な現象ですぐに持ち直す可能性もあるため、判断は難しい。そこで私は、極力、シクリカル株は買わないようにし、景気の影響を受けにくいディフェンシブ株や、シクリカルと考えられている業種の中でも、景気の影響を受けにくい継続課金型のビジネスモデルを構築している企業を中心に投資してきた。むろん、極めて有望なシクリカル・グロース株を見つけた場合はそれも購入するのだが、この場合はあまり欲張らず、早めにゲームを降りることで大きなダメージを避けることにしている。

失敗の教訓
私が学んだこと

失敗例 1 共立メンテナンス 売り急いで大上昇を取り逃がす

　私にとって一番多い失敗は、極めて有望だと判断したにもかかわらず、ケチをつけて買わなかった、もしくは買いはしたものの2倍ほどの上昇で満足して、さっさと売ってしまい、その後の大上昇を取り逃がしたというものだ。

　1つ紹介しよう。毎月のように仕事で出張していた頃、私にはお気に入りのホテルがあった。「ドーミーイン」だ。大浴場は広く、朝食はおいしく、部屋も同価格帯の他社と比べると少しゆったりとしている。受付で、このホテルを展開している企業名を聞くと、共立メンテナンス（9616）という企業だという。早速、ネットで調べると、主に学生寮や社会人寮の運営をメインビジネスとして展開している企業であり、それらの寮で培ったノウハウを使って、くつろぎのビジネスホテルとしてドーミーインを展開しているとのことだった。

　ただし、社会人寮の業績が近年振るわず、一方でドーミーインについても開発コストが重くのしかかり、業績は地に落ちていた。「私の感性はこのホテルはきっと伸びる」と押してくれるので、とりあえず、少額でこの株を購入することにしたのだが、決算資料やホームページをいくら調べても、この会社の成長性を裏付けるデータは手に入らなかった。

　「そもそもホテル開発には莫大な費用がかかる。その資金をどう調達するのだろう？」という心配が頭をもたげていた。

■「事業構造を徹底して調べるべき」という教訓

　不動産開発に詳しい方なら分かると思うが、近年、この手の収益物件では、様々な資金調達手段が存在する。所有者から土地を借り、ホ

テルをSPC（特別目的会社）化して、投資家や銀行から優先出資や融資を受けるなどすれば、少額の自己負担で大きな開発が可能だ。

　ところが当時の私はそれを知らなかった。知識不足によって大きな利益を取りそこなったのである。投資額は少額で、しかも3割ほどの上昇ですべて売却するという大きな失敗を犯してしまった。

　インバウンドの後押しもあり、その後8年ほどで共立メンテナンスのEPSは8倍に拡大、株価は私の買値から12倍に達した（その後、新型コロナウイルスの影響で株価は大きく落ち込んだ）。

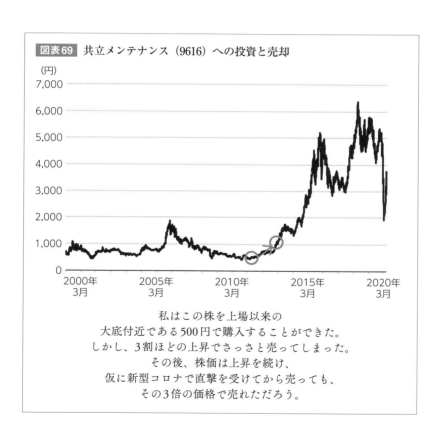

図表69　共立メンテナンス（9616）への投資と売却

（円）

私はこの株を上場以来の
大底付近である500円で購入することができた。
しかし、3割ほどの上昇でさっさと売ってしまった。
その後、株価は上昇を続け、
仮に新型コロナで直撃を受けてから売っても、
その3倍の価格で売れただろう。

　この失敗の教訓は、感性が「買え」とささやいたら、徹底してその事業構造を調べるべきだということである。従来型の業種特性やビジネスモデルは忘れたほうがよい。時代は大きく変わっているのだ。この教訓はのちにソニーで生かすことができた（➡成功例3）。

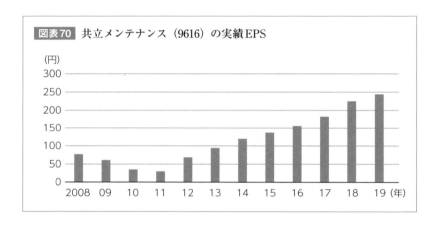

図表70　共立メンテナンス（9616）の実績EPS

（円）

失敗例 2

オンリー
成長ストーリーが失われる

　次は、外部環境を深く考えることなしに株を買ってしまった例である。スーツの製造販売会社であるオンリーは、オリジナルのオーダースーツのネット販売事業が好調で売上を拡大していた。店で一度採寸したら、そのデータを基に次回以降はネットで購入が可能であり、場合によっては自分で採寸することもできる。特に生地選びと採寸のみのシンプルなオーダーシステムを採用した「ミニマルオーダー」は、納期はかかるものの「2着で3万8000円から」と、オーダースーツの常識をくつがえす低コストを実現したシステムである。

私は調査のためこの店に出向き、一番いいスーツを2着ほど注文して帰ったが、ゼニアやロロ・ピアーナといった最高級生地を使ったスーツをデパートの半値以下で買えることに大満足してしまった。早速この会社の株を例によってすぐには売れないレベルまで買い込んだのだが、そこからが大変だった。

　オーダースーツのネット販売はすぐに他社にも真似され始め、大きな差別化につながらなくなった。また、人々のスーツ離れは私の想像以上のスピードで進んだ。働き方改革の掛け声とともに、ラフなパンツに軽くジャケットを羽織る、いわゆるジャケパンスタイルでも失礼にはあたらないというコンセンサスが社内外で取れ始め、うっかり、何でもない日にそんな高級スーツを着て会社に行けば、「今日は結婚式ですか？」とからかわれる始末だ。

　業績も一時的に拡大したものの、すぐに伸びは止まってしまった。950円付近で買い集めたこの株を1年後、800円前後で処分することに

図表71 オンリーへの投資と売却

(円)

好調なオーダースーツのネット販売に目をつけてこの株を買ったが、
すぐに雲行きは怪しくなった

決めた。幸い、手厚い株主優待と高配当のおかげで、安定した買いが入ったため、少しずつ、売りを入れ、数か月がかりですべて処分することができた。唯一の慰めは、新型コロナウイルスの影響で、株価がさらに下落したことぐらいだ（2021年にMBOにより上場廃止）。

■ すぐに乗り換えられる「控え選手」を準備しておく

この株の教訓は、先が明るいと思われたものの、すぐにその明るさが失われてしまった場合の対処法である。常に読みが当たるとは限らない。

長期投資だから、たとえ先行きが暗くなっても持ち続け、その企業を応援すべきだという考えは捨てよう。もし、短期的な要因で一時的に状況が悪化しているだけというなら話は別だ。持ち続けるという判断でも問題ない。しかし、この会社の場合は、中長期的な成長ストーリーそのものが怪しくなってしまった。

私は、こういう株につかまってしまった場合、すぐに頭を切り替えて、他の株に乗り換えることにしている。

この場合に重要なのは、レギュラー選手の調子がおかしくなった時のために、常に控えの選手を用意しておくことである。

1次選考、2次選考をクリアする銘柄を見つけたのに、既存の保有銘柄がそれ以上に有望だった場合には、私はその銘柄を、控え選手として、少額だけ購入するようにしている。少額だけ購入するのは、その銘柄のことをすっかり忘れてしまわないためだ。最近は投資アプリや証券会社のサイトなどに有望銘柄を登録しておく機能があるため、資金が少ない方はそういうツールを利用してもよいだろう。

そして、もしレギュラー選手の調子が悪くなったら、さっさとベンチに戻し、控え選手を出場させるのである。

ネット情報への 対処

デマやムダ情報に惑わされない

62 悪意ある情報を流す人たちがいる

　最近株を始めた新米投資家に対して私が心配していることが1つある。SNSやネット掲示板との付き合い方だ。

　もしかすると、「誰よりも早く、誰よりも多く、誰よりもネット情報に精通したものが株で勝てる」と勘違いしている人がいるかもしれない。念のため警告しておくが、SNSやネット掲示板でいくら情報を収集しても勝ちにつながるケースは少ない。むしろ、膨大なムダ情報とウソ情報に惑わされるばかりで、時間の浪費につながるだろう。

　「いや、そんなことはない。とても有益な情報を発信してくれる人もいるし、自分では理解できていなかった気付きを得ることもできる」と反論したい人もいるかもしれないが、次のような理由から、大抵の場合、害悪のほうがはるかに大きくなる。

　まさに今から買おうとする株のとっておきの有効情報をわざわざ他人に先に教えるバカはいない。もし、そんなことをすると、買う前に株価が高くなってしまって、自分に不利に働くからだ。何年も勝ち続けている腕利きのベテラン投資家が有益情報をコメントするのは、彼らが既に買い集めた後であり、あなたがその情報を手に入れた時点で相当出遅れている。

　しかも、仮にそれが本当に有効な情報ならば、その情報が出回ってほしくない別のプレイヤーが大量のかく乱情報を流しだす。その株を空売りしている人や今からその株を買い集めたい人にとっては、前向きな情報が浸透して株価が上昇してしまうのはうれしくない。そこで、それを打ち消すネガティブ情報を流す。あるいは全く意味のないムダ情報を大量に流す。意味のないムダ情報で掲示板を埋め尽くし、投資家心理を暗くさせたり、読む気をなくさせたりするのである。

反対に多くの人がその株を売りたい時、SNSやネット掲示板には、前向きで夢のある情報があふれかえる。それを読んで買ってくれる人が現れれば、うまく高値で売り抜けられるからだ。

　つまり、大抵の場合、あなたがネット上で手にする投資情報は、あなたにとってマイナスか無意味なものばかりということになる。

　もちろん、そのような悪意を含まない情報も出回ってはいるが、その多くは個人的なメモ書き程度のものであり、学びはほとんど得られない。「今日は朝からA株を買い向かった。良いタイミングで買えたのに売りのタイミングが悪く、イマイチの成績だった。明日は頑張るぞ」みたいな個人トレーダーの奮闘記録を読むことにいったい何の意味があるのだろう？

　その人が短期的に勝ったか負けたかという情報と、その企業の業績が長期的に拡大するかどうかは、全く別問題だ。その人はその人、あなたはあなた、企業は企業。今日は今日で、明日は明日で、3年後は3年後なのである。それぞれに関連性はほとんどない。

　今日株が上がったことと、明日上がるかどうかは別問題だし、その人が勝ったことと、あなたが勝てるかどうかも別問題だ。どこかの誰かが今日その会社の株で短期トレードして負けた情報と3年後の企業業績とは全く関係ない。

　ウォーレン・バフェットは言う。「予測が教えてくれるのは、未来のことではなく、むしろ予測者のことである」。

　どこの誰とも分からない、赤の他人のことを知るだけで、未来のことなど、ほとんど何も手に入らない。膨大な時間をムダに使ってしまうだけなのである。

63　『デマの心理学』が教えること

　G・W・オルポートとL・ポストマンは『デマの心理学』（岩波書店）という本の中で、「デマの流布量」は「重要度」と「曖昧さ」の積に比例するとして、次のような公式を発表している。

$$R \sim I \times A$$

　R＝デマ（rumour）の流布量、I＝情報の重要さ（importance）、A＝情報の曖昧さ（ambiguity）、「～」は「比例する」という意味である。

　つまり、ある情報が重要であればあるほど、かつ、曖昧であればあるほど、デマや噂が広がりやすいというのである。

　新型コロナウイルスの蔓延に伴い、「トイレットペーパーが不足する」というデマが流れて、店頭からトイレットペーパーがなくなった経験を思い出してほしい。トイレットペーパーはなくてはならない必需品だ。ないとお尻が拭けなくなってしまう。この情報の重要度は極めて高い。

　一方で不足する理由については、トイレットペーパーのサプライチェーンを正確に知るその道のプロにでも聞かない限り、否定も肯定もできない。そんな人はほとんどいないため、「よく分からないけど、トイレットペーパーは不足するらしい。そして現に店頭からトイレットペーパーがなくなっている。買わなくては…」と、重要かつ曖昧な情報を根拠に人々が誤った行動をとってしまったのである。

　さて、この公式を株式投資に当てはめてほしい。当然のことながら、あなたにとって、「今後、株価がどちらに動くのか？」という情

報は極めて重大な関心事だろう。一方で、今後株価がどう動くかを正確に知るものはこの世に1人もいない。未来というものは、結局のところ、誰にも分からないのである。

　そのため、SNSやネット掲示板にあふれる「近い将来、〇〇株は絶対に上がる」とか「このパターンなら、明日の大暴落は避けられない」などという情報は、典型的な重要かつ曖昧な情報となり、この公式に当てはめると流布量も非常に大きくなる。

　かくいう私もブログで「A株を購入して保有している」などと書こうものなら、大変なことになる。A株のネット掲示板やSNSで「エナフン氏はA株に注目している」→「エナフン氏がA株を買い集めている」→「A株には仕手筋が介入している」→「A株は絶対上がる」などと少しずつ事実がゆがめられ、自分たちの都合の良いように加工されて、流布してしまうことがある。

　もちろん、私は仕手筋ではないし、「この株は絶対に上がる」などと考えて株を保有したことは1度もない。儲かる可能性が高いと判断しつつも、そうではない可能性を否定したりはしない。常に上がる可能性と下がる可能性を天秤にかけながら、慎重に投資判断を続けている。その思考内容の一部をブログに公開するわけだが、その文章の中でも、特に自分たちに都合の良い一部分だけが引用されて拡散してしまうため、重要かつ曖昧な情報となって、デマの元となってしまうのだ。

　このようにデマであふれるSNSやネット掲示板だが、もちろん正確な情報も含まれている。しかし、どれが正確で、どれが噂やデマの類なのかを見分けるのは非常に難しい。以前、2ちゃんねるの創始者である西村ひろゆき氏がこんなことを言って話題になったことがある。「うそはうそと見抜ける人でないと（ネット掲示板を使うのは）難しい」。あなたにその才能があるだろうか？

64 ドラマチック過ぎる情報は危ない

　SNSやネット掲示板にあふれる株情報の多くはとても刺激的だ。単に事実を流すのではつまらない。皆、様々な演出やストーリーを用意して感情に訴える。刺激的な表現や断定的な言い回しをあえて使うことで、期待や失望を誘発する。何度も何度も繰り返し同じことを書いて記憶に刻み付ける。つい笑ってしまう楽しい表現で共感を呼ぶ。とりわけ衝撃的な情報に限って、人々に驚きを与え、広く拡散してしまうため、あなたの元に届く情報はあなたの感情を必要以上に刺激するものばかりとなってしまう。

　そのため、理性ではなく、感情で重要な判断を下してしまいがちだ。売るべきではないタイミングで売りたくなってしまう。買うべきでない株をつい買いたくなってしまう。

　世界的なベストセラーとなった『FACTFULNESS』（日経BP）で、著者のハンス・ロスリング氏は、何百万年にもわたる進化の過程で、差し迫った危険から逃れるために、人類は様々な本能を身に付けたと説明する。その中に、ドラマチックな物語に耳を傾けてしまう本能が存在すると語る。恐らく、古代人は、日常のありきたりな情報よりも刺激的でドラマチックな情報を優先することで危険を察知し、厳しい生存競争を勝ち残ってきたのだろう。

　ところが、当時とは比べ物にならないほど平和となった現在、「ドラマチック過ぎる世界の見方」は人々を正確な分析から遠ざけ、世界をありのままに見るための阻害要因となってしまった。この問題を克服するためにはどうしたらよいか？『FACTFULNESS』にはそのための知恵が豊富に紹介されている。

　毎日のようにドラマチック過ぎる情報で感情を揺さぶられ続ける株

式投資家は、ファクトフルネスを身に付ける努力をするとよいだろう。危険でないことを危険と思いこんでしまう「恐怖本能」、目の前の数字が一番重要だと考える「過大視本能」、1つの例がすべてに当てはまると考える「パターン化本能」、いますぐ手を打たなければ大変なことになると考えてしまう「焦り本能」等々、株式投資家が克服すべき項目がてんこもりだ。

65 本当に意味のある「正確な企業情報」を集めることに時間を使う

　株式投資家が情報への接し方として身に付けておくべきことで、ファクトフルネス以上に大事なポイントがある。それは、そのような意味のない情報やデマ情報、それでいて感情を強く刺激する情報、つまり、投資先を探索したり、保有株の今後を占ったりといった株式投資の売買の根拠をネット掲示板やSNSから探索するような行為を、意識して遮断することである。

　得られるものが極めて少なく、判断を鈍らせ、行動を狂わせてしまう大量の情報をわざわざインプットする必要はない。そんなことで膨大な時間を潰すくらいなら、1銘柄でも多くの正確な企業情報を集めることに時間を使ったほうが有効だ。

　時々、ベテラン投資家がネットで有効情報を流すのは事実だが、そのほとんどは企業サイトやその業界に関連するニュースなど、誰でも手に入る公開情報を丹念に調べただけもので、毎日5分も同じ努力をすれば、あなたでも簡単に入手できる。

　投資先企業の公式サイトから最新の情報を手に入れる。その会社や主力商品名をグーグルで検索する。その業界のことがまとまっている本を読む。その会社の商品やサービスを実際に手にしたり体験したり

する。より有利なのはあなたの投資先があなたの仕事や趣味と関連性が深い場合だ。あなたが読む業界紙や趣味のサイトの中から、有望な投資先を見つけたり、投資先企業の未来を予見させる重要な情報を手にしたりすることができるだろう。

　やっていただくとすぐ分かることだが、どんな人気銘柄に投資したとしても、その企業に関する驚きのニュースや画期的な新商品発表みたいな情報は滅多に流れてこない。現実は、極めて退屈でありきたりな情報が淡々と流れているだけだ。

　本当に意味のある情報とはそういう類のものである。その企業が次の一手として何をしようとしているのか？　今の状況をどう乗り越えようとしているのか？　その企業が持つ強さはどこにあるのか？　ムダ情報やデマ情報を排除して、淡々とそういう視点で企業を分析するのである。

　念のため断っておくが、SNSを遮断しろとまでは言っていない。恐らく、そのほうが人生を楽にしてくれるだろうが、それはちょっと別の話だ。繰り返しになるが、ここで言いたいのは、「売買の根拠や保有株の未来予測をSNSやネット掲示板に求めてはいけない」ということである。投資全般の情報や投資ノウハウを真面目に伝えてくれる人々の努力は否定しない。現に私だって、ブログを書いている。

　魚の釣り方やきのこの探し方を学ぶのは一向にかまわない。だが、誰かが釣った魚をSNSからただで手に入れようとか、既に調理されているきのこ料理をネット掲示板からただで頂戴しようとするから、そこに心の隙が生まれるのである。

66 数少ない有効情報も、投資スタイルの違いによって毒になる

　SNSで投資ノウハウを勉強するにしても注意点がいくつかある。既に何億円も稼いだ凄腕投資家だからといって、常に勝ち続けているわけではないし、失敗も多い。ある時点ではその人の投資法が有効だったとしても、多くの投資家にそのノウハウが共有されると、その投資法の有効性が落ちてしまうこともある。多くの人が理解して一般化した時点で、その投資法は時代遅れとなって、すぐに使えなくなるか、既に使えない。そんなこともあって、本当に有効な投資ノウハウはなかなか教えてもらえない。

　あるいは素人を騙すようなノウハウで勝ち続けている凄腕投資家も存在する。人々にある銘柄を推奨しておきながら、自分はその株を高値で売り抜けるといった具合だ。

　当然、どんな著名投資家でも、明日上がるか下がるかなんて分からないし、3か月後の予想に関してもかなり怪しい。私は、数日とか数週間、あるいは数か月といった短期的な株価の変動を無視し、数年単位でみてリターンを高めるような投資スタイルをとっているのだが、そのような長期投資家から短期トレードのノウハウを得られるはずもない。自分にあった投資スタイルを見つけ出す必要がある。

　3人の投資家がいれば、3種類の投資スタイルが存在する。それらの違いを理解せずに彼らのノウハウを合体して吸収すると、むしろ変なクセがついてしまって、うまくいかない。短期トレードと長期投資では考え方が全く違うし、長期投資といっても、分散投資と集中投資では考え方が真逆だ。考え方が違っても、場合によっては真逆であっても、そのいずれにも成功者が存在するのが投資の世界なのである。

　それらの複数の考え方がごちゃ混ぜであなたの元に届く。SNSやネ

ット掲示板は大半がデマ情報やムダ情報である上、ようやく見つけた数少ない有効情報も投資スタイルの違いによって、毒にも薬にもなるのだ。

幅広く様々な投資ノウハウを集めるよりも、どこかのタイミングで、思い切って、投資スタイルを確定させ、そこに深く鋭く突っ込んでいったほうが、成功する可能性は高い。SNSでも、数多くの投資家をフォローするより、投資スタイルのよく似た、信頼できる投資家にフォロー数を絞ったほうがうまくいくだろう。

67 リアルタイム株価や板情報は便利だが危険

長期投資家にとって、断ち切るべき厄介な情報はネット上のデマや噂だけではない。チャートや板情報といったリアルタイムの株価情報もそれに該当する。

SNSやネット掲示板と併せて、株価情報をリアルタイムに眺め始めたら、時間はあっという間に過ぎていく。

もし、あなたが、刻一刻と変化する株価を見続けている人間のほうが、普段は株価のことをすっかり忘れ、たまに思い出したようにチェックする人間よりも有利に戦うことができると思い込んでいるなら、これについても考えを改めたほうがよいだろう。

スマホやパソコンで板情報（図表72）をリアルタイムで見ている人はお気付きだと思うが、そこには相当な駆け引きが存在する。素直に「私、800円で1000株買いたいので売ってください」みたいな情報だけが表示されているわけではない。いかにも買いたいように板をちらちら見せつつも、実は大量の株を売り抜けているプレイヤーもいれば、わざと株価を吊り上げるように買い進むプレイヤーも存在する。

<通常>			<見せ板>		
売数量	買数量		売数量	買数量	
200 780			4,800 780		
400 779			12,000 779		
1,200 778			24,800 778		
200 777			5,200 777		
1,100 776			4,800 776		
775			1,300 775		
774	1,200		774	1,200	
773	400		773	400	
772	200		772	200	
771	1,300		771	1,300	
770	100		770	100	

板情報は、個々の銘柄ごとに
「いくらで何株の注文（買い・売り）が出ているか」
を表示したもの。

<見せ板>
買い注文数に対して、
売り注文数が極端に多いと株価は上がりにくくなる。
その現象を利用して、
売る意思もないのに厚い売り板を
ブラフ的に見せて株価を抑え込む手法がある。
その売り玉に向かって買い進もうとすると、
たちまち売り板は消え、それがブラフだと分かる。

　これらの行為は厳密には相場操縦ということになるかもしれない
が、相場操縦とそうではない取引との境界はとても曖昧であり、極端
に目立つことをしない限り、捕まることはない。サッカーの試合を見
ていると、わざと足を引っかけた反則か、真面目にボールを追った結
果なのか、その判定が難しいことがある。あれと似ている。

　さて、念のため、基本を説明するが、大きな資金を動かすプロは、たくさん買い集めたいからといって、大量の買い注文を一度に入れたりはしない。緩急をつけて、少しずつ買い進める。この時、買い注文だけを入れ続けるとあっという間に株価が上昇してしまうため、冷やし玉と呼ばれる売り注文を時々入れて一部は利益を確定させながらも、最終的には目標金額まで買い集める。

　買い＋買い＋買い＋売り＋買い＋買い＋売り＋買い＋買い＋買い＋売り＋買い…。分かりやすく書くと、こんな感じである。逆に売り抜ける時は、売り注文は多めに、買い注文は控えめに、緩急をつけながら連続的に売買を繰り返す。

　一般的には、買いの量と売りの量とを比べて、買いが多い時に株価は上がり、売りが多い時に株価が下がる、と教えられるが、現実はそれだけではない。潜在的な買い注文が大量にあったとしても、本当は売る意思もないのに大量の売り注文を見せることで株価を抑え込む手法が存在する。いわゆる「見せ板」だ。一見大量の売り注文が存在するため、株価は上がりにくくなり、本当は買いたいと思っていた人の買う気を失せさせてしまう。

　逆に、売り板が薄い（売りが弱い）時にワザと株価が上がるように強く買い注文を入れると、とても小さな金額で株価を上昇させることができる。勢いよく上がる株価を見て、それに追従する動きがあるため、いったん株価を吊り上げておいてから、持ち株を売り抜けるテクニックがあるのだ。これらは広く知れ渡っている古典的なテクニックだが、より高度なテクニックを織り交ぜながら、少しでも安く買い集める、あるいは少しでも高く売り抜ける様々な手法が存在すると思われる。

　以前なら、これを人間が考えながらやっていたので、見る人が見れば、何が起こっているのか想像することも可能だった。私もそういう板読みのテクニックを磨いて、少々は勝てていた時期もある。

ところが、10年ほど前からアルゴリズムを使った超高速売買が幅広く使われるようになった。先ほどの売り＋買いを超高速に機械的に処理し続けるので、人間の目では、何が何だかさっぱり分からなくなった。しかも、近年ではそのようなアルゴリズムの中に、行動ファイナンス理論（➡68）が取り入れられ、心理的なダメージをわざと与えるようにプログラムされているという噂もある。絶望、不安、不満、あるいは、希望、安心、有頂天。そのような心理を巧みに利用することで間違った行動を誘発するのである。

　さらに大きな変化はAIの登場である。AIは過去の取引データから勝ちパターンを学習し、機械的に売買を実行する。当然、過去人々が行ってきた行動ファイナンスに基づく投資スタイルや、ブラフや相場操縦に基づく投資スタイルをすべて学習しているはずだ。人々にとっては心理的に耐え難い値動きパターンを最も有効な売買パターンと認識して、淡々と冷徹にそれを実行しているかもしれない。
　ともかく、実際に株価の動きを1日中追い続けると、あなたはひどく疲れることになる。上がってほしい時はじりじりと停滞して、なかなか株価は上昇してくれず、逆に一度上がりだすと、あなたの想像をはるかに超えて大上昇してしまう。それに驚いて慌てて買い注文を入れた途端に、今度は驚くほど下がってしまう。まるであなたの心を完璧に捉える魔術師相手に1対1でポーカーをやっているような気分になるだろう。「短期的にうまいことやって、ちょいとお小遣いでも稼いでやろう」などと軽い気持ちでトレードを始めてしまうと、精神的にも金銭的にも大ダメージを喰らうことになる。

Lesson 15

人間のクセへの
対処

直感的で感情的な
判断をしてはいけない

68 あなたを惑わすバイアスを頭に入れておく

❶損失回避バイアス

　経済学の世界では、近年、心理的なバイアスが人々を合理的な行動から遠ざけるため、市場にゆがみや偏りをもたらすと考えられるようになった。このような考え方は、行動経済学とか行動ファイナンス理論と呼ばれ体系化されている。

　この分野の先駆者であり、ノーベル経済学賞受賞者でもあるダニエル・カーネマンと同僚のエイモス・トベルスキーは、「人は金額が同じ場合、利益を出すことによって得られる喜びの大きさよりも、損をすることによって受ける痛みの大きさをより強く感じやすい」ことを立証し、この心理的な傾向を「損失回避バイアス」と名付けた。彼らの研究によれば、損失を出すと、平均的には、同じ金額の利益を上げて得られる喜びの2倍のダメージを受けてしまうそうだ。

　1日中、株価情報を見続けたら、あなたもすぐにこの理論を実感することができるだろう。仮にあなたの保有株の昨日終値が500円だったとしよう。今日は寄り付きで10円上がって510円になったとする。当然、あなたは大喜び。10円分の喜びを得る。ところがその後次第に売りに押され、昨日の終値と同じ500円になった時、別にあなたは1円も損をしたわけではないのに「先ほど売っておけば…」などという思いから、それを損失と感じ、10円分×2倍＝20円分のダメージを受ける。

　午後から再び株価は大きく上がり、一時的に520円となった。あなたは20円分の喜びを得て、有頂天となる。ところがその後ズルズルと下がり始め、結局その日の終値は昨日と同じ500円にもどってしまった。20円分×2倍＝40円分のダメージを受ける。

さて、いろいろあったにせよ、あなたは昨日と比べて1円も損をしているわけではないのだから何も悲しむ必要はない。ところが、今日1日に得られた心理的喜びとダメージの総量を比較すると、差し引きで30円損したような感覚に陥る。

　「くそっ、最悪だ。寄り付きで売って10円儲けておいてから、500円に下がったタイミングで同じ株を買い戻し、昼過ぎの520円に上が

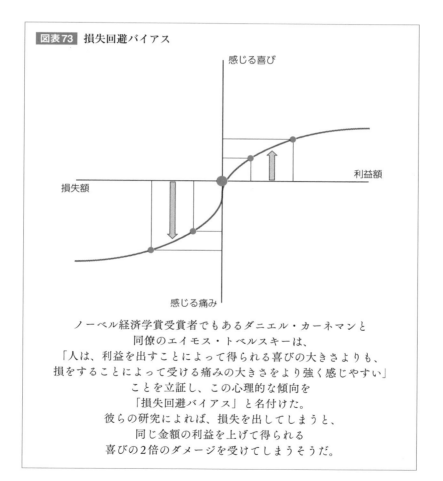

図表73 損失回避バイアス

ノーベル経済学賞受賞者でもあるダニエル・カーネマンと
同僚のエイモス・トベルスキーは、
「人は、利益を出すことによって得られる喜びの大きさよりも、
損をすることによって受ける痛みの大きさをより強く感じやすい」
ことを立証し、この心理的な傾向を
「損失回避バイアス」と名付けた。
彼らの研究によれば、損失を出してしまうと、
同じ金額の利益を上げて得られる
喜びの2倍のダメージを受けてしまうそうだ。

ったタイミングで再び売り抜けておけば、全部で30円儲かったはずなのに、何もせずに指をくわえてみていたばかりに1円も儲からなかった。ああっ、なんて馬鹿なワタシ…」。こんな後悔を引きずることになる。毎日毎日、この繰り返しだと、仮に年間を通じて結構な儲けを得たとしても、むしろ敗北感に打ちのめされることになる。「結局、あんなに頑張ったのに100万円しか儲からなかった」。

　宝くじか何かで100万円も儲かったなら、あなたは、かなりの大喜びができるだろうが、株の場合は「自分が上手なら1000万円儲かったはずなのに、100万円しか手にできなかった。900万円、損をした」という気分になる。もちろん、「自分が上手なら」という仮定は、極めて非現実的な妄想に過ぎないのだが。

❷アンカリング効果

　SNSやネット掲示板で保有株の情報を集めようとすると、あなたは必ず次のような投稿を読むことになる「（今は400円の）A株は実力から判断すると1000円を超えてもおかしくない」「ついに上昇が始まった。この勢いなら2000円くらいまで上がるだろう」「この株が3000円なんてあり得ない。3か月後には1000円を切っているだろう」。これらの架空の株価情報はあなたの意思決定にどの程度影響を与えるものだろうか？

　前述のダニエル・カーネマンは、著書『ファスト&スロー』（早川書房）の中で、アンカリング効果という心理学用語を紹介している。

　アンカリング効果とは、何かの数字を予想する際に、事前に何らかの数字をインプットされると、どうしてもその数字の影響を受けてしまう心理的な傾向を指す。

　例えば、「①ソニー株は3年後に5万円を超えていると思うか？　②具体的に、あなたはいくらと予想するか？」という質問を受けた人々と、「①ソニー株は3年後に1万円を維持できていると思うか？　②具

体的に、あなたはいくらと予想するか？」という質問を受けた人々では、予想の数字は大幅に異なる。前者は5万円という大きな数字に引っ張られ、3万円とか4万円といった割高な価格を予想しがちになるのに対し、後者は1万円という数字が頭に引っかかり、1万3000円とか1万5000円といった割安な価格を予想してしまう。もちろん、5万円とか1万円といった数字に何の根拠もなく、今、私が思いついた想像上の株価に過ぎない。

　「そんなバカな」。行動ファイナンスや心理学を勉強したことのない方はそう感じるかもしれないが、この分野はかなり広範に研究が進んでいて、人間は合理的に振る舞おうとしても、どうしても合理的に振る舞うことができない心理的な癖を持っていることが分かっている。

　この場合、何の根拠もない数字でも意思決定の前に見せられると、そこに心理的なアンカー、つまり碇を下ろしてしまうことになり、その数字に引っ張られてしまう傾向が存在するのだ。この傾向を「アンカリング効果」という。

　アンカリング効果は極めて強力で、大半の人を好ましくないほど暗示にかかりやすくするため、「騙されやすさに付け込む輩が多数出現している」と、ダニエル・カーネマンは警告する。価格交渉の場においても、先手を打ってかなり高めの金額を提示した後、徐々に値段を下げるようなやり方は、一般的なテクニックとして普通に行われている。

　当然のことながら、株式市場においてもこれをやる輩が存在する。よく見る「A株は実力から判断すると1000円を超えてもおかしくない」などと言う投稿を素直な意見と捉えてはいけない。あなたに高めのアンカーを下ろさせて、自分が保有する株を高値で売り抜けようとする、あるいは少しでも高い価格で空売りをしようとする悪意あるプレイヤーの発言である可能性を否定できない。

　もちろん、SNSでつぶやかれるすべての予想株価がそのような悪意

を帯びているものだとは思わない。しかし、そのことがさらに問題を複雑にする。すべてに悪意があってくれればそれを無視することも簡単だが、真面目な投稿が混じっているばかりに、悪意ある予想株価と見分けがつかなくなってしまう。

さらに言うと、実際の株価そのものがアンカーとなることも考えられる。

あなたはある株を600円で買ったとする。割安さの観点から50％は

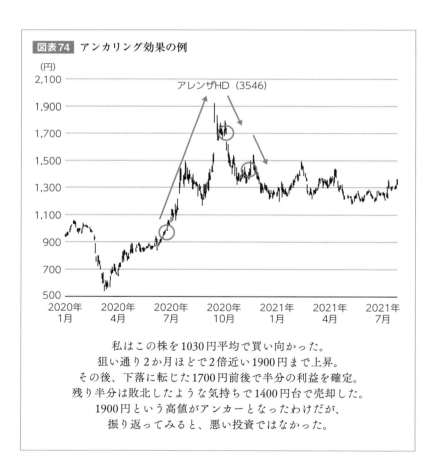

図表74 アンカリング効果の例

(円)

アレンザHD（3546）

私はこの株を1030円平均で買い向かった。
狙い通り2か月ほどで2倍近い1900円まで上昇。
その後、下落に転じた1700円前後で半分の利益を確定。
残り半分は敗北したような気持ちで1400円台で売却した。
1900円という高値がアンカーとなったわけだが、
振り返ってみると、悪い投資ではなかった。

上昇が期待できると考えたからだ。そこで特にビジネスに変化がない限り、目標株価を900円に設定した。ところが、買った翌日からその株は勢いよく上がり始め、1か月ほどで1000円をつけた。大成功だ。

　しかし、それは一瞬の出来事で、その直後に利益確定売りに押されて、現在は900円前後で株価が推移している。当然、狙い通り目標株価を達成しているのだから、あなたはさっさと900円で利益を確定してしまえばよさそうなものなのだが、これが難しい。一瞬見てしまった1000円という株価がアンカーとなり、900円で売るのは損をした気分になってしまう。結局、なかなか売る判断ができないでいるうちに、株価はあっという間に下がってしまう。株式投資をしている人なら、そんな経験はいくらでもあるだろう。

69 「システム1の頭脳」を封印し、「システム2の頭脳」を働かせる

　前述した『ファスト&スロー』の中で、ダニエル・カーネマンは、直感的に瞬時に判断を下す脳のシステムを「システム1」、処理は遅いが、物事を順序立てて判断する脳のシステムを「システム2」と呼んでいる。この2つの異なる回路で人々は様々な判断を下しているという。

　株価の下落に恐怖し、掲示板やSNSの書き込みに心を動かされ、すぐに売らないとマズいと判断するのがシステム1。業績が良いにもかかわらず、株価が下落する現象はチャンスの到来と判断し、PERや配当利回りからお得感を割り出し、決算資料や中期経営計画から、企業の先行きを分析するのがシステム2である。

　大抵の場合、重要な判断を邪魔するのはシステム1のほうである。たまたま見かけた怪しい情報を根拠に短絡的な判断を下し、システム

2を使って時間をかけて練り上げた長期投資戦略を台無しにする。「あんなに調べて買った株を、何で一時の心境変化で売ってしまったのだろう。まさにこれから急騰が始まろうという、最も売ってはいけないタイミングだったのに…」。こんな経験は誰にでもある。

　あるいは、十分に調査をして買った株が、その後予想に反して下がってしまい、1年も経ってからようやく買値に戻ってきたタイミングで、ヤレヤレと売ってしまう経験も多いだろう。しかし、そこに冷静な分析はほとんどない。本人の中ではヤレヤレだろうが、冷静に考えると、お買い得だと思って買った株が、1年の間に業績をさらに伸ばし、さらにお買い得度が高まっている。しかも、いったん底をつけ、システム2に基づいた冷静で腰の据わった長期投資家が買い上がってきたタイミングでもある。

　あなたは、いつまでたっても上がってこないこの株にイライラし、その間、ネガティブなことばかり書かれている掲示板やSNSを読んでうんざりし、ついに買い値に戻ったと喜びを感じて、その株を売ってしまうわけだが、そのような直感的で感情的な判断と、企業の本質的価値は全く別物である。

　「売りたくなったら、システム2を働かそう！」。これが最も重要なアドバイスである。

　もちろん、システム2を働かしても、やはり売りと判断できるなら、売って構わない。しかし、冷静に考えれば考えるほど、全く売るに値しない株だと判断できるなら、何とかここは忍耐力で踏ん張ろう。あなたの勝敗はこういうところにかかっている。

　逆に、買う場合についても同じことが言える。SNSで盛り上がっているからとか、掲示板でとてもお得そうな情報を手に入れたからとかといった瞬時の判断で、株を買ってはいけない。システム2を呼び出し、じっくりと企業分析を実施して、投資方針を決めるのである。

自分がついそうしたくなるのと同様に、大多数の人もシステム1だけで判断を繰り返し、とんでもない大相場を作ってしまうこともあるので要注意だ。

　何か面白い材料が出ると、大量の個人投資家がその銘柄に群がり、短期トレードを繰り返す。その様子が大群で稲に群がり、食べつくすと次の場所に飛び去るイナゴとイメージが重なるため、その集団をイナゴとかイナゴ投資家などと呼ぶ。イナゴの大群の猛烈な買いが続くと、本来の企業の実力を超えて驚くほど急激な上昇を見せるため、ついそちらに目が移ってしまう。しかし、そんな強烈な上昇はつかの

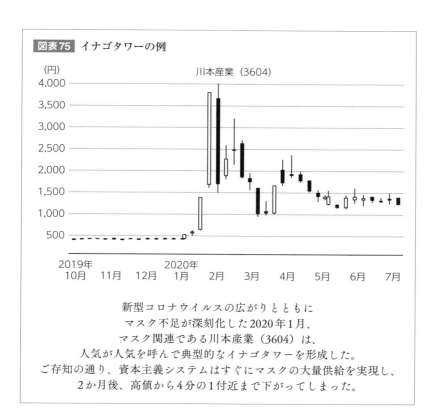

図表75　イナゴタワーの例

（円）　　　　　　　川本産業（3604）

新型コロナウイルスの広がりとともに
マスク不足が深刻化した2020年1月、
マスク関連である川本産業（3604）は、
人気が人気を呼んで典型的なイナゴタワーを形成した。
ご存知の通り、資本主義システムはすぐにマスクの大量供給を実現し、
2か月後、高値から4分の1付近まで下がってしまった。

間。ある日突然大暴落が始まり、イナゴタワーと呼ばれる極端なチャートを形成する。

　こういう株は、バイ＆ホールドの対象とは言い難い。「基本、そのような極端な材料株には手を出さない」という心構えを持っておいたほうがよいだろう。少なくとも、人気の絶頂にある材料株にノリで突っ込んでいくような行為はご法度だ。バイ＆ホールドのフォームを崩すことになるし、恐らく大損する。

　また、もし自分が持ち続けている株にイナゴ投資家が群がって大上昇が始まった場合は、システム2を呼び出して冷静に売り抜けよう。バイ＆ホールドだから大上昇しても売ってはいけないというルールは存在しない。

　十分に上昇すれば、その後の上昇余地は小さくなり、逆に下落リスクは高まる。いったん売却するという判断で構わない。一度に全部売ってしまうのではなく、まず3分の1を売り、その後さらに3分の1、下がり始めてから残りの3分の1といった具合に、勢いを横目に見ながら、分割して売っていくとよいだろう。一度に全部売ろうとすると、どうしても判断が鈍る。少しずつ売るというやや複雑なルールを課すことで、システム2が呼び出され、冷静さを維持することができる。

 ## 長期投資の敵は自分

　業績成長に伴う長期的な株価上昇の大波の過程で、短期的な価格変動を追いかける数か月単位の小波が連続的に表れる。小波といってもその変化は激しく、通常でも20〜30％、勢いがつけば50〜100％も変動する。これは短期的な業績変化や市場全体と連動することによっ

て、投資家心理や需給が大きく変化するためだ。「年間の業績変化は
たったの10％なのに、その間の安値と高値を比べると50％以上も株
価が変動した」ということが頻繁に起こる。恐らくバイ＆ホールド
の最も難しいポイントはここにある。

　「少々上がろうが下がろうが、3年でも5年でも保有し続けるぞ」と
強い決意でその株を買ったとしても、数か月で50％も上昇し、その
次の数か月でその上昇分の大半を失ってしまうと、一気に決意は揺ら

図表76 株の大波と小波

業績成長に伴う長期的な株価上昇の大波の過程では、
数か月単位の小波が連続的に表れる。
小波といってもその変化は激しく、
通常でも20〜30％、勢いがつけば50〜100％も変動する。
「年間の業績変化はたったの10％なのに、
その間の安値と高値を比べると50％以上も株価が変動した」
ということが頻繁に起こるのである。
その小波を見事に乗り降りできれば、
バイ＆ホールドで大波を狙うより、
はるかに大きなリターンを得ることができる。
しかし、それは極めて難しい。
情報と心理戦の渦に巻き込まれ、
プロ中のプロや凄腕短期トレーダー、
あるいはAIがあなたの前に立ちはだかる。

いでしまう。「ああ、何であのタイミングで売らなかったんだろう」と後悔の念が湧いて、結局、次の上昇でさっさと売り抜け、そのカネで他の良さげな株を買う。ところが、大抵の場合、下がる時は他の株も連動するので、新しく買った株で損をする。次第に、投資スタイルは短期化し、気が付いたら、いつの間にか短期トレード派に転身してしまうのだ。

　成長の大波よりも数か月単位の小波のほうが上昇も下落も角度が急であるため、その小波を見事に乗り降りできれば、当然、バイ＆ホールドで大波を狙うより、はるかに大きなリターンを得ることができる。しかし、それは極めて難しい。情報と心理戦の渦に巻き込まれ、プロ中のプロや凄腕短期トレーダー、あるいはAIがあなたの前に立ちはだかる。

　選択肢は2つ。すべてを賭けて短期トレード道を突き進み、徹底的に情報戦と心理戦で勝つ道を選ぶか？　小波は完全に無視して、バイ＆ホールドに徹するか？

　この本を読んでバイ＆ホールドを実践し始めたあなたは、恐らく何度も何度もこの問いと闘うことになる。

　私は常々短期トレードがアクションゲームなら、長期投資は林業のようなものだと考えている。

　システム1を使って、敵が繰り出す様々な攻撃を瞬時の判断でかわしながら、敵の隙を見つけては逆に攻撃を繰り出す。ダメージを最小に、攻撃を最大に。その積み上げでポイントを稼ぐのが短期トレードだ。

　一方、バイ＆ホールドのような筋金入りの長期投資に敵は存在しない。いるとしたら己だ。企業自体は昨日と今日ではほとんど何の変化もない。日々、変化しているのは、それに投資する人々の心理やお金の動きであり、それを完全に無視すれば、何とも退屈な毎日が続く。

しかし、しっかりと時間を置き、カメラを引いてその変化を見続けると、少しずつだが着実に企業は成長していく。植えたばかりなら数十センチほどの小さな苗木たちが、数年後には、そろって自分の背を追い越し、10年も経つと、すっかり森林を形成し始めている。最初に最大の努力を払い、正しい選択をしさえすれば、あとは、自然な成長を待ちさえすればよいのである。

71 本物のビッグチャンスは、人々の心理の裏側に存在する

　株式市場は嘘や噂や心理戦で汚れきっている。「一見、ビッグチャンス」はそこら中に転がっているが、それらの大半は罠だ。あなたは簡単に財産を何割も失うリスクにさらされている。

　本物のビッグチャンスは、人々の心理の裏側に存在する。「大変な暴落が始まった。株はまだまだ下がる。早く全部売り抜けたほうがよい」などという意見がネット上であふれ出したら、必死になって成長株を探したほうがよい。そういう時にこそ、最高の成長株が安く買える。

　また、不人気成長株は、大抵、どこを探しても大して話題に上らない。だから不人気なのだ。じっくりと探索する力が試される。慌てる必要はない。5銘柄を3〜5年保有する戦略なら、1年間に1つか2つ新規銘柄を発見するだけで、ポートフォリオを回すことができる。恐らく本気で探し始めれば、割安かつ成長株っぽい銘柄が10や20は見つかるだろう。その中から吟味を重ね、「この会社なら」と思える1〜2社に絞り込む。さらに、それと現在保有している5銘柄とを比較して、入れ替えするかどうかの最終判断を下すのである。

　実力企業が混乱に陥っている時、ネット上には悪口があふれ、倒産

の噂も流れだす。その結果、業績回復株を買うための第1条件、すなわちとんでもない割安株という条件が整う。あとはその企業の本気の挑戦が始まるかどうかだ。

工場閉鎖や従業員解雇などのショッキングなニュースの裏で、「おやっ」と思える新商品が出ているかどうかを探す。ムダな出費を抑え、勝ち目のない戦いから撤退し、勝てる事業分野に集中的に経営資源を配分する。そんな教科書的な改革が進んでいるかどうかを確認しながらも、その経営改革の集大成ともいえる、魂のこもった新商品から本気度を探るのである。

小手先の工夫でちょっとした差別化を図っているだけなら不合格。新技術や新コンセプトを惜しげもなく突っ込んだ、どこにもないその企業ならではの新商品が投入され、しかもそれが市場に受け入れられているようなら合格。あとは細かいことは気にせず、その会社の経営陣を信じて、株を保有し続けるだけである。

バイ＆ホールドでは短期トレードと反対の発想が求められる。長期投資がうまくいかない人の多くは、ニュースや噂に対して過敏過ぎる。もっとじっくりと腰を落ち着かせ、企業の経営をしっかりと見続ける姿勢が大切だ。企業は何もやっていないわけではない。少々の問題は大抵、乗り越えてくれる。ちょっとマイナスな何かがあるたびに株を売るようでは長期投資は続かない。

短期トレーダーは俊敏さが試されるが、長期投資家は鈍感さが試される。短期トレーダーは投資家心理を見るが、長期投資家は投資家心理に左右されるべきではない。短期トレーダーはトレンドを重視するが、長期投資家は根拠のないトレンドを逆手にとって売買する。

上がりそうだから買うのではなく、安くて良い会社だから買い、下がりそうだから売るのではなく、実力と比べて高過ぎるから売るのである。

72 「鈍感力」を鍛える

　バイ＆ホールドを採用し、長期投資法を実践すれば、心理戦や短期的な値動きに惑わされることはなくなる、とまでは言い切れない。何か大きな変動があれば、どうしても、SNSや掲示板を見てしまうし、短期的な値動きを見たくなる。何らかの手を打つ必要はあるのだが、実のところ、特効薬は見つからない。対症療法でいくしかないのだろう。方向性としては次の2つが考えられる。

・強い意志を持って、あえてSNSや掲示板、リアルタイムの値動きを見ないようにする
・たとえSNSや掲示板、リアルタイムの値動きを見ても冷静な判断を保てるようにする

　結論から言うと、恐らくどちらも極めて難しい。私もいろいろ試してみたが、今時、SNSによる情報収集はやめられないし、スマホを見ると日経平均株価の動きを伝えるニュースに目が留まって、心が落ち着かなくなることもある。ただ、以前ほど敏感でなくなったのは確かだ。

　そこで、私がやってきた泥沼から抜け出す方策をいくつか紹介したい。あくまで私個人レベルの話なので、もっと良い方法は他にいくらでもあるだろう。ぜひ、皆さんなりに強化策を編み出して、鈍感力を身に付けてもらいたい。

❶昼間は仕事に専念する

　株以外に強い興味の対象があれば、そちらに意識を持っていくこと

ができる。

　最近はFIRE（Financial Independence, Retire Early）と呼ばれる早期退職者が多いと聞くが、私は今でも会社員を続けている。仕事を続けることで生の経済に触れ続けることができるという理由もあるが、昼間、株のことをすっかり忘れることができるというメリットも大きい。

　会社帰りにその日の終値やSNSを見て、仮に何か動揺してしまうような情報を見たとしても、直ちに売買ができるわけではない。システム1による瞬時の判断で、深く考えずに衝動的に売り注文を出すということはなくなる。少なくともシステム2を呼び出して冷静な判断をする時間が与えられるはずだ。一呼吸おいて、「おい、俺‼　早まっちゃいかん‼」などと自分にアドバイスする感覚で、もう一度、「なぜ、その株を買うに至ったか、そしてその条件が本当に崩れてしまったのか」をしっかりと見極めることができるだろう。

　もちろん、「仕事を続けるほうが有利だからFIREを目指すな」とは言わない。この本を読んでバイ＆ホールドを続ける人の中には少なからず、FIREしても生活に支障がないレベルまで勝つ方も出てくるだろう。嫌な仕事をいつまでも続ける必要もない。

　ただ、その場合でも、昼間、SNSや株価動向を見続ける生活は避けるべきだろう。そうなると、結局、何のためのFIREか分からなくなってしまう。ひょっとしたら、会社員を続けるよりもストレスがたまるかもしれない。ボランティアとか旅行とか農作業とか、株以外に興味を持てるものを用意して、努めて、株価を無視できる環境を整えることで、人生は豊かになるだろう。

❷そういうものだと割り切る

　「他の株はよく上がるのに、自分の株だけは下がっているのではないか？」「今日は急激に下がってしまった。何か悪い材料が出たに違

いない」

　誰でもそんな不安から、最新の情報を求めてスマホに手が伸びる。で、いろいろ調べても、正解はよく分からない。ただ、大量に見たネガティブ情報だけは頭に残ってしまい、その株を売って他に移りたくなってしまう。

　結論から言うと、ネット上にはネガティブな情報があふれているのが当たり前。それと株価は関係ない。イライラするような値動きをするのも当たり前。心穏やかに安心して見られるような値動きをすることは滅多にない。

　嘘だと思ったら、すぐに無作為に他の銘柄の値動きをみるとよい。どんな株でも、一直線に上がり続ける株などない。気持ちよく上がる期間はほんのわずかで、その後には息苦しい急落局面や低迷局面が待っている。

うっかり、嫌な情報を見てしまっても「ハイハイ。そんなもん。そんなもん」
ジリジリと株価が嫌な動きを続けても「ハイハイ。そんなもん。そんなもん」

　こんなふうにパッと頭を切り替える癖をつけるとよいだろう。一言でいうと、人々は情報に対して敏感になり過ぎているのだ。何事にも動じない、鈍感力こそ、人間が人間らしく生きるための、すごい力であると認めるところから始めよう。

❸不人気株を仕込む

　まだ人気の出ていない成長株を仕込むことができれば、あなたの勝ちは保証されたようなものだ。成長に伴う、つまりEPSの拡大に伴う株価上昇に加えて、不人気から人気への変化による株価上昇、つま

りPERの上昇が、いつか必ずやってくる。問題は、それがいつ来るのか？　本当に来るのか？　その不安との戦いとなってしまうことである。

　ただ、この手の不人気成長株であれば、心理戦の観点からはそれほど苦しい戦いにはならないはずだ。まず、不人気株はSNSでも話題にならない。ヤフーファイナンスの掲示板には何か月も書き込みがない。株価は何か月も退屈極まりない値動きを続ける。つまり、人気がないがゆえに誰も心理戦すら仕掛けてこないのだ。そういう株を保有し続けるのは、大型株や人気株を保有し続けるよりも、ずいぶん心理的な負担が小さい。

　経験上、株を買った直後が一番値動きやネット情報が気になるものだ。もう買い終わってしまうと、あとは上がるのを待つばかりでやることもなくなり、「他の人はこの株をどう思っているのだろう？」と、SNSを調べたくなる。そういうタイミングでネガティブな情報をインプットされると急に不安が大きくなってしまう。ところが、不人気株ならその最大の難関を難なく乗り切ることができる。誰も相手にしないのだから。

　将来人気が出て、激しい心理戦が始まったころには、株価は数倍高だ。その状態なら、既に心に余裕ができているので、少々は冷静に状況を見られるだろう。「ああ、とうとうこの株も心理戦の対象になるくらい人気株になってくれた…」などと子供を見る親の気持ちで接していけば、つまらぬやり取りに腹が立つこともなくなるはずだ。

❹長期チャートで「錯覚」を防ぐ

　「1日に4％も株価が下がった。私の投資先は何か大変な状況に陥っているのではないか…」。どんな株を持っていても、この程度の下落は必ず発生する。ところが、そのことは頭では十分に理解しているつもりでも、実際に自分の株がそういう値動きをすると想像以上に動揺

してしまう。

　私が思うに、1つには、時間足や日足といった短期チャートは、実際は数％というとても小さな変化に過ぎないのに、スマホやパソコンの画面いっぱいに、その部分だけを大きく拡大して表現されるため、何割も下がったような錯覚を起こしてしまうからではなかろうか。画面の左上から右下に大きく下がるチャートを見てしまうと、何か大変な変化が起こっているように感じてしまう。

　そこで、そのような錯覚対策として、そういう日は5年チャートや10年チャートを見るようにするとよいだろう。10年単位の値動きからすると、今日の4％の下げなんて、そよ風が吹いた程度の、ただの日常であることが理解できるはずだ。

　結局のところ、20％以内程度の変動の大半は、企業の成長とはほぼ無関係に動いている。ところが、毎日毎日、その20％以内程度の株価変動を拡大して見続けると、その程度の変化にどんどん敏感になってしまう。そういう時は、10年チャートを見ながら、この会社の株を3〜5年単位で2倍高を目指して買ったことを思い出すのである。

　図表77を見てほしい。例えばソニー（6758）は、2021年4〜5月にかけて2割ほど下落した。リアルタイムでその部分だけを拡大して見せられると大暴落が始まったように感じるが、10年チャートで見れば、よくある揺れの1つだったことが分かる。

❺額ではなく率で考える

　「今月は15万円儲かった」「今日は3万円損をした」。こんなふうに株式投資に伴う資産変動をいちいち金額ベースで確認し続けると、どうしても、日常の金銭感覚に引きずられて、「手取り給料が20万円なのに、今月は株で15万円も儲かった」とか「ランニングシューズを1万円で買おうと思っていたのに、今日は株で3万円も損をした」などと必要以上に感情を揺さぶることになる。

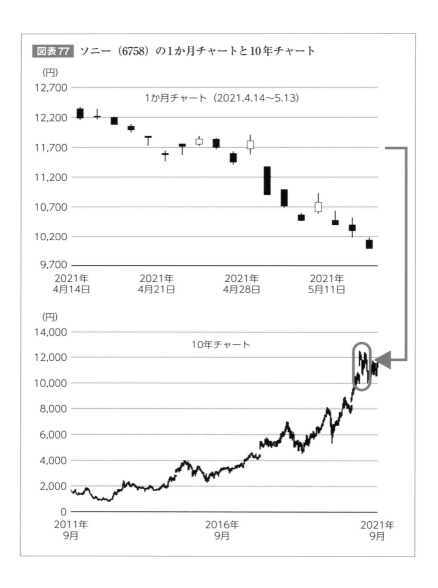

図表77　ソニー（6758）の1か月チャートと10年チャート

1か月チャート（2021.4.14〜5.13）

10年チャート

もし300万円運用していて月に15万円儲かったなら月に5％の資産変動であり、1日に3万円損をしたなら1日当たり1％の資産変動ということになる。その程度の揺れは、株式投資においてはごくごく普通に発生する。その程度の変動にいちいち心が動くようでは株式投資は到底続かない。「朝、体温を測ったら36.0度だったのに、夜測ったら36.3度で0.3度も上がった‼　このまま上がり続けたらどうしよう」と大騒ぎするにも似た、バカバカしい心理変化と言える。

　証券会社のサイトや株式専門のアプリなどでは、ご丁寧に、あなたが昨日と比べて、いくら儲かっているとか損をしているとかといった情報を、リアルタイムに教えてくれるが、できる限り、1日当たりの変動額を見ないようにする。もしくは、つい見てしまっても、すぐさま、率で考えるようにする。この訓練はとても重要だ。

　長く投資を続けることができれば、かなりの人は、財産を何倍にも増やすことになる。最初は300万円だったとしても、10年20年と投資を続ければ、それが1000万円、3000万円と次第に金額が膨らんでくる。そうすると、1日当たりの変動額は通常でも数十万円。場合によっては百万円を超える日も出てくるだろう。

　「月給の手取りが30万円なのに、たった1日で100万円！」。これでは刺激が強過ぎる。「意識するな」といっても、脳はそれしか考えなくなる。株式投資を始めると同時に、金額ではなく、率で判断できるように頭の中をコントロールしないと、あなたは1日中、株のことだけを考えて生きる、つまらない人生を歩むことになる。

❻簡単には売り抜けられないほど大量に買う

　かなり応用編の説明になるのだが、割安な成長株を探し続けていくと、1日の出来高が2000株などという超小型の有望株を見つけることもあるだろう。あまりに小さ過ぎるために、多くの投資家の探索フィルターから外れ、成長力に見合わない割安株になっているのだ。

　普通は、「有望株には違いないが、あまりに小型株なので、もし何かあった時に売るに売れなくなってしまう。買うとしても少額にとどめておこう」という判断に至る。この判断は極めてまっとうなので、いったんは皆さんにもその判断をお勧めする。しかし、その常識的なやり方では、仮にその株が大上昇しても、金額ベースの儲けはたかが知れている。

　私はこの常識を打破し、あえてそういう超小型株を1万株とか2万株といった単位で買い集めるという手法で何度も大儲けすることができた。虎穴に入らずんば虎子を得ずだ。結局のところ、どこかで大きなリスクを取らなければ、大きなリターンは得られない。

　そのリスクをどこでどう取るかが、個別株投資の腕の見せ所になるのだが、実は、バイ＆ホールド戦略を採用するのであれば、すぐには売れないリスク、つまり流動性リスクは一般的に人々が感じているほど大きなリスクではない。時間をかけて少しずつ買い、時間をかけて少しずつ売ればよいだけの話で、普通の人が1日のうちにやる行為を1か月かけてやればよいのである。

　当たり前過ぎる話で恐縮だが、株式投資の儲け＝値上がり率×投資金額である。我々長期投資家にとってテンバガー（10倍高）は憧れだが、1000円で100株買って、それが10倍高になっても90万円しか儲からない（税金で20％持っていかれるので、実際は72万円ほどだ）。もちろん、これはこれでうれしいには違いないが、もしこれを1万株でやれば、9000万円（税込みだと7200万円）の儲けとなる。一言でいうと、私はこの方法で「億り人」になった。

　よくよく考えると、ウォーレン・バフェットやピーター・リンチなど、世界的に名の通ったプロ投資家は皆この流動性リスクをあえてとることで大成功を収めている。もちろん、彼らは私たち個人投資家よりもはるかに大きな金額を扱っているので、大型株や株以外の投資対象にも選択範囲を広げるが、いずれにせよ、「大きく儲かる可能性が

高いと判断したら、すぐには撤退できないほど大量に買う」という点でやっていることは同じなのである。

この方法はいろいろメリットがある。

まず、SNSや掲示板でどう騒がれようが、すぐには売るに売れないので、下がったら下がったまま、上がったら上がったままにできる。そもそもそのような流動性の低い株は騒がれもしない。

万が一、イナゴタワーが出来上がるようなことになれば、出来高が急増するのでほぼベストのタイミングで売り抜けることもできる。時間をかけて成長するタイプなら、じっと持ち続けざるを得ないので、最初は小型株だったものが結構な大企業になるまで見守り続けることができる。

要は嫌でも短期変動や心理戦を無視することができるのだ。

残念ながら、予想に反して、業績が低迷してしまったら負けだ。諦めて安値で売るしかない。ただ、何度も言うように0になるわけではない。まぁ、半値八掛け2割引（買値の32％）くらいでは売れるだろう。勝てば10倍。負ければ32％なら、悪い賭けではない。バイ＆ホールドというのはそういうタイプの勝負と割り切るのだ。

何年か投資を続け、資金力も高まり、投資力もついてきたころに、思いがけず、とんでもない小型成長株を見つけてしまった時、ぜひ、このことを思い出してほしい。自分でも驚くほどあなたの投資人生を大きく変える可能性がある（➡Lesson16）。

❼普段から企業の情報を集める

株価が急落→SNSや掲示板で原因を探る→ネガティブな書き込みを見て不安になる→さらに下がる株価を見て売ってしまう→しばらくして株価は急上昇する

この最悪の連鎖は断ち切る必要がある。そのために、まず重要なのは、急落するたびにその企業のことを調べるという刹那的な姿勢を改

めることだ。

　急落しようが急騰しようが、そういうことと関係なく、普段から、自分の保有株に関する知識を幅広く集める努力が必要だ。企業サイト、企業名や商品名でニュース検索、ライバル企業や関連企業との比較、業界情報…。そうやって、その会社を長期投資している理由を常に自分の中で固めていく。何がどうなれば利益が急減するのか？　逆にどうなれば利益が急増するのか？　そのためにはどの変数に着目すべきか？　事業構造を深く理解することができれば、そういうことが分かってくる。

　そのような基本姿勢を整えていくと、SNSや掲示板に振り回されるような投資スタイルがいかにバカバカしいか次第に気付くことだろう。

　私は2019年に電力コンサルと電力小売りの組み合わせで業績を伸ばしているグリムス（3150）という株を950円ほどで買い込んだ（2020年に株式分割したため、当時の価格は1900円前後）。直後にコロナショックの影響を受け、一時は800円を下回っていたが、新しく誕生した菅政権と米国バイデン政権が、脱炭素による成長戦略を強く打ち出したことから、エネルギー分野で新たな挑戦を続けるこの企業はテーマ性を帯び、株価は2020年後半には2000円を超えるほど大上昇した。1年ちょっとで2倍高である。

　私も当初は長期的に見ればまだまだ上がると強気の見方をしていたのだが、一方で、あるニュースが気になり始めていた。「夏頃に始まったラニーニャ現象の影響で、この冬はかなりの厳冬が予想される。そうすると国内電力需給がひっ迫し、電力小売市場で価格が高騰するリスクがある」。

　当時、この会社が売電している電力の大半は電力小売市場から調達していた。もし、市場価格が高騰したらかなりの損失が予想される。市場はまだそのリスクを織り込んでいない…。結局、私は株価が

2500円を超えた時点で全株売却した。もともと3～5年で2～3倍高を狙っていたものが、1年ちょっとで2.5倍なのだから十分に満足である。

その間、グリムス株に投資している人々のSNSやヤフーファイナンスの掲示板でラニーニャとか電力小売価格の高騰といった言葉は一度も目にしなかった。そもそも、そのようなリスクが存在することを理解していない個人投資家が多かったというのもあるが、私のように理解している人間も、わざわざそんなマイナス情報を売却前に公言したりはしない。

結局、その冬は都内でも池が凍りつくほどの厳冬となり、暖房需要の急増から電力需給はひっ迫し、この会社は大損を出してしまった。ネット上では、電力需給がひっ迫し、株価が下がりだした途端に大騒ぎとなり、結局1500円前後まで叩き売られた。

これはほんの一例である。SNSや掲示板、もっと言うとネットニュースも含めた一般的なネット情報というものは、その分野に詳しい人間にとっては、「何をいまさら…」と言いたくなるような遅い情報で大騒ぎすることが非常に多い。投資先企業を深く分析し、経営者の狙いを正確に理解している投資家にとっては、何か月も前から十分に予想できている展開であっても、広く認知されるまでは株価は大した反応を見せない。

あなたが勝ち組投資家になりたいなら、表面的で感情的なネット情報を無視し、投資先企業や業界関係者の情報を意識して集める努力をすべきだ。といっても何らあなたに関係のない業界の情報を集めるのは難しい。まずは自分の本業や好きな趣味、地元企業といった身近な有望株を探すのがよいだろう。実際にやってみて、どこか1つの業種の理解が深まれば、他の業界についても調べておくべきポイントが想像できるようになる。そうやって、少しずつ得意業種を広げていくのである。

　ちなみに私は、実家の近くに小型太陽光発電所を作るなど、再生可能エネルギーについては、10年くらい前からいろいろ調べるようにしている。いずれ、地球温暖化などの環境問題が限界に達し、その対策が世界規模でなされるだろうという予想のもとに、やや深いところまで知識を高めていたのがグリムス株では幸いした。

❽他の投資法を理解する

　さて、7つほど対策案を提示したが、もう1つ、別の切り口として、「長期投資スタイルを採用していない他の流派のプレイヤーはどういう狙いで株を売買しているのか？」といった知識を少々は持っておくとよいだろう。
　株価が何が何だか分からない理由で、何が何だか分からない動きをするから、不安になる。その不安を取り除くために、他の投資法を頭の隅にしまっておいても損はない。
　ただ、知ってしまったがために逆に気になってしまうという「知らぬが仏」的な側面もあるため、ここではあえて、さらっと流すことにする。知れば知るほど、あなたは泥沼に近づくことになる。「はいはい。またいつものカネの分捕り合戦で株価が揺れているのね…」くらいな感じで、少々達観しないとバイ＆ホールドは続かない。
　さて、一口に「買う」とか「売る」とかと言っても、実に様々な人々が様々な理由でそれを実行する。代表的なものを一覧にすると図表78のようになる。
　上場企業やその関連企業に勤めて、毎日、上司から成績が悪いと叱責されたり、厳しいノルマを与えられて神経をすり減らしたりしている会社員の皆さまには大変残念なお知らせだが、その最終評価者である株式投資家のほとんどは、真面目に企業を評価しない。感覚や感情、他人の動向や話題性、あるいは、株価の動きだけを分析して売買を繰り返したり、相場操縦的に株価を動かし、売買せざるを得ないプ

図表78 人々が株を売買する理由			
上がりそう	⇔	下がりそう	①感覚
強欲・安心・焦り	⇔	不安・恐れ・焦り	②感情
人々が買うから買う	⇔	人々が売るから売る	③他者
話題性があるから買う	⇔	話題性がないから売る	④材料
買う価値がある	⇔	保有する価値がない	⑤評価
株価を根拠に買う	⇔	株価を根拠に売る	⑥株価
機械的に買う	⇔	機械的に売る	⑦仕組
株価を吊り上げたい	⇔	株価を叩き落したい	⑧操作
買わざるを得ない	⇔	売らざるを得ない	⑨降伏
自社株買い	⇔	増資	⑩自社
景気を刺激したい	⇔	景気を冷やしたい	⑪政策
同じものが安い	⇔	同じものが高い	⑫裁定
お金が余るから買う	⇔	お金がないから売る	⑬自己都合

レイヤーを意図的に作り出したりして、利益を上げる。

あるいは、企業を分析してもどうせ勝てないから、分析するのは他人に任せて、機械的に全銘柄を薄く広く買う手法も大流行りだ。

個別株を丁寧に評価して長期投資を前提に売買をするという至極まっとうに思える投資法が、実は少数派で、そうではない投資家が大多数であることが理解できただろうか？

そのため、株価は短期的には全くもって理不尽な動きを繰り返す。正義感の強い人は、「こんなのはおかしい」と言いたくなるだろうが、この理不尽な動きがあるおかげで、有望株を安値で買うという、常識的には起こりそうもない現象が頻繁に発生する。理不尽さを許容しながらも、日々の値動きからは距離を置くことで、勝ちを手にすることができるのだ。

73　株式市場を「大きな鍋」と考える

　さて、このように書くと、「なんだ。結局、株価なんて企業の実力とは無関係に短期トレーダーのやりたい放題で適当な値段がついているだけじゃないか…」と思うだろう。確かに1日当たり4兆円前後で推移している東証プライム市場の売買代金（2023年9月現在）についていえば、1つひとつ企業を分析して株価の妥当性を図るような長期投資家の資金割合は非常に小さいものになる。

　しかし、それは1日当たりのフローの話であり、ストックである東証プライム市場の全株式の時価総額約800兆円（2023年9月末現在）についていえば、その大半は長期投資家が握っていて、その資金力は圧倒的である。そのため、短期的には理不尽な動きを繰り返しているように見えても、長期的には合理的な価格形成が進んでいく。長期投資家から「これは良い」と認められると、時間をかけて非常に多くの資金がその銘柄に流れ込んでくるため、長期上昇トレンドが形成される。

　その間も短期的には激しい上下動が繰り返されるが、そういう短期変動をうまく利用しながら、長期資金による買い集めが進むのだ。逆に、長期投資家からそっぽを向かれると、資金は流れ出し、いつまでたっても株価は浮上しなくなる。

　大きな鍋をイメージすると分かりやすいだろう。大きな鍋に水道から水を入れ続けると、鍋の水量はどんどん増えて、水位が上がっていく。これが長期的な株価変動だ。一方、鍋を叩いたり揺らしたりすると、水面が波立って上下動を起こすだろう。これが短期的な株価変動である。短期資金がいくら鍋を叩こうが揺らそうが、勢いよく蛇口から水が流れ込んでくるといずれ鍋は水であふれかえる。バイ＆ホー

ルドではこの蛇口の水を見るのであって、水面のざわつきを見るのではない。

　逆に良くない株というのは、穴の開いた鍋だ。放っておくと水はどんどん抜けていく。SNSや掲示板がどれほど騒ごうと、そういうこととは関係なく水位は下がり続ける。

　要は、資金力のある長期投資家が買いたくなるような株を、彼らよりも一足先に買うのが、私たちの目指す目標だ。水面のざわつきばかりを気にしている人々を横目に、私たちは水位の上昇に神経を集中させるのである。

Lesson 16

億り人へ

投資資金を拡大する

74 実力とチャンスに応じて 投資額を増やす

　さて、あなたは少額で練習を2〜3年ほど積んだとしよう。自分で調べて探し当てた割安かつ成長株は人々が考えている以上によく上がることが理解できたとしよう。さぁ、勝負である。ところがここで問題が発生する。

　「じゃあ、いったい、いくら投資するのがよいのだろう？」

　これについてピーター・リンチは明確だ。

　「持っている資金を全額、株式投資に突っ込むのがよい」

　私の経験からもこの考えは恐らく正しい。過去、株で儲けた資金で株式以外の投資商品や太陽光発電といった実物資産にも投資してきたが、株式投資はそれらのリターンをはるかに上回る。結論から言うと、全額、株式投資に突っ込み続けたほうがよっぽど大金持ちになれた。

　私自身は、思い切って勝負に出ると決めた時、余裕資金の30％を個別株投資に投入することにした。30％でしばらくやって自分でも儲けられると自信を持つことができたなら、ピーター・リンチを信じて、全額を個別株投資に突っ込もうと考えたのだ。

　この時の判断は悪くなかったと思う。株式投資の場合、他のギャンブルと違って、借金をしない限り、賭け金が完全に0になる可能性は低い。上場企業である限り、投資先企業が倒産するリスクは極めて低い上、5銘柄保有していて、そのすべてが倒産するなんてことはまずあり得ない。

　ただ、5銘柄に分散していても30％くらい財産が減ってしまうということは割と頻繁におこる。この場合、余裕資金全体の30％を投資して、それが30％減ったわけだから、30％×30％＝9％なので、全体

から見れば1割以内の損失だ。「その程度なら耐えられる」。私はそう判断した。

　一方で、ちゃんと調べて慎重に投資対象を選んだなら、数年で財産を2倍に増やすことは十分可能だ。仮にあなたの余裕資金が1000万円でそのうちの30％＝300万円を投資し、それが2倍になったなら、300万円の儲けである。ざっと自動車1台分だ。このくらい儲かれば、投資のし甲斐もあるだろう。

　30％減っても耐えられるし、2倍になれば十分うれしい金額、というのは人によってはもっと少ないかもしれないし、もっと多いかもしれない。ただ、いずれにせよ、儲かった時の未来だけを想像して投資額を決定するのではなく、損をした時の惨めな自分を同時に想像しながら投資額を決定することが重要だ。明日、巨大地震が日本列島を襲うかもしれないし、再度、未知のウイルスが世界に広がるかもしれない。

　さて、そのようにして投資額を余裕資金の30％と決めて、勝負に出たとしよう。そして、仮にうまくいって、狙い通り、それが2倍になったとしよう。そうすると、余裕資金全体からみた個別株の投資割合は30％を大きく超えてくる。余裕資金が1000万円だったのであれば、個別株は300万円から600万円に増え、全体では1000万円が1300万円に拡大する。この時、個別株の投資割合は600万円÷1300万円≒46％となっている。ここである考えが浮かぶかもしれない。リバランスという考え方だ。

　もう十分儲かったのだから、再度1300万円を分母にして、投資割合を30％に引き下げるという発想だ。この場合、1300万円×30％＝390万円を個別株投資に充て、残りは他の金融資産に振り向けるのである。もちろん、そうしたいなら、それを否定したりはしない。ただ、億り人を目指すのであれば、次のような考え方が必要になる。

考え方1：実力に応じて投資額を増やす
考え方2：チャンスに応じて投資額を増やす

　この考えに従えば、あなたがやるべきはむしろ逆だ。投資額を増やすのである。リバランスを繰り返すようでは、あなたの人生が劇的に変わることはない。いつまでたっても大金持ちにはなれない。

　もちろん、考え方2に従って、「大きなチャンスを見つけられれば」という前提はつく。有望株を見つけられないにもかかわらず、投資額だけを増やすのはやめたほうがよい。

　しかし、「自分の持つ5銘柄は成長性が高く、しかも割安だと確信が持てるし、本当はもっと買いたい」と思えるのであれば、投資額を拡大させよう。あなたは既に5銘柄に分散して平均して2倍に増やした実力がある。その過程では思い通りに株価が上昇せず、むしろ下落する苦しさも味わっただろう。SNSやネット掲示板との付き合い方も心得たはずだ。ド素人時代とは明らかに違いがある。

　ただ、この段階でピーター・リンチを信じて全額を個別株投資に放り込んでしまうのはちょっとやり過ぎかもしれない。たまたま流れが向いて2倍になっただけかもしれない。そこで、例えば、1300万円×60％＝780万円とか、1300万円×70％＝910万円に増やすという発想はどうだろう。

　あなたは既に300万円儲かっている。増額して勝負した910万円の投資がうまくいかず、仮に30％財産を減らしたとしても、910万円×30％＝273万円の損だ。まだ、当初と比べて負けているわけではない。逆にもし再度2倍にすることができれば910万円の儲けである。これに成功すると、あなたの余裕資金は2210万円、当初の1000万円と比べて2.2倍に財産は増え、うち1820万円が個別株、残り390万円が他の金融資産となる。ついに億り人へのスタートが切れるのだ。

75 「悪い内容の勝ち」に乗ってはいけない

　さて、うまくいった時のイメージトレーニングはできたとして、うまくいかない場合はどうか？　先ほどの例でいえば、300万円を個別株に投資して、狙いに反して30％も損をし、210万円に軍資金を減らしてしまった場合だ。この場合も、余裕資金全体では9％しか損をしていない。まだ910万円ある。ここで、あなたは2つの考えの板挟みにあうだろう。

　「自分には実力がないから30％も損をしてしまった。まだしばらくは投資額を増やさず、210万円の範囲で投資を続けよう」。一方でこんな考えもある。「自分は慎重に成長株を探索し、十分に割安に買ったにもかかわらず、30％も下がってしまった。ということは、VE投資法でいうところの『EPS↑株価↓』の状態であり、ビッグチャンスではなかろうか。今こそ資金を増額させて勝負に出よう」

　損を取り戻そうと執着して、さらに資金を投入するというのは、ギャンブルの世界では、最も負けが込むパターンだ。前者は正しい。

　一方で慎重に投資対象を選んだにもかかわらず、平均して30％も財産を減らすという状況はかなり面白い。平均して30％ということは5銘柄のうちのいくつかは半値近くに下がっており、恐らく結構な大暴落に巻き込まれたのだろう。気持ちは萎えているかもしれないが、ここここそチャンスという発想は悪くない。後者も正しい。

　では前者と後者の違いは何か？　それは、投資力の問題か、不確実性の影響を受けただけかの違いである。

　もし、相場全体が大して下げているわけでもないのにあなただけが大損をしているようなら、恐らく投資力の問題だ。資金を増やすべきではない。もし、あなたが勝負に出たタイミングが悪く暴落に巻き込

まれただけなら、少々は資金を増やしたほうがよいだろう。「考え方
2：チャンスに応じて投資額を増やす」である。

　麻雀の裏プロの世界で代打ちとして超絶的な強さを誇った桜井章一
氏は『ツキの正体』（幻冬舎新書）という本の中でこう書いている。
　「内容と勝負の関係を、私はこう考えています。理想的なのは、
『良い内容で勝つ』こと。次に望ましいのは、『良い内容で負ける』こ
と。3番目が『悪い内容で負ける』ことであり、最も下なのは『悪い
内容で勝つ』こと」

　不確実性が支配する株式市場では、本来上がるべきではない株が大
上昇することもあるし、実力的には下がるはずのない銘柄が大きく下
がることもある。
　巧みな心理戦と強引な買い上がりで勝ちを取りに行く仕手株、大し
た実力もないのにイナゴ投資家が殺到する話題の人気株（➡69）、ア
ルゴリズムを使った仕掛け的な空売り（➡67）など、様々な理由で
相場は歪む。
　長期投資で大事なことは、そのような企業の実力と無関係な値動き
に自ら乗りに行かないことである。前出の桜井氏が言う「内容と勝負
の関係」でいえば、最も下の「悪い内容で勝つ」を狙わないことだ。
一時的に勝てたとしても、長期的に勝ち続けるのは難しい。すべてを
失う投資家は大抵皆そこにハマる。
　あなたは、気が付くと、そういう悪い株ばかりを探してしまってい
るのかもしれない。その結果の負けであれば、投資額を増やすべきで
はない。冷静に自己分析してもらいたい。
　長期投資で成果を上げたいなら、ひたすら「良い株を安く買う」に
徹するべきである。桜井氏の表現を借りれば、理想的なのは「良い銘
柄で勝つ」こと。次に望ましいのは「良い銘柄で負ける」こと。3番

目が「悪い銘柄で負ける」ことであり、最も下なのは「悪い銘柄で勝つ」ことである。

　もしかすると、あなたは「良い銘柄で負けている」だけかもしれない。それならば話は別だ。慎重さを失うべきではないが、投資額を増やすという選択もあり得る。長期的に雪だるま式に財産を増やし続けたいなら、良い銘柄を選び続けることが大切だ。そこに向かって実力を高めるのである。

　最後は自己責任である。しかし、もし、そのような状況に置かれたら、ぜひ、桜井氏の言葉を思い出してもらいたい。恐らく、そこが投資人生の重要な分岐点となるだろう。

Lesson 17

幸運に
恵まれるために

株式投資はきのこ狩りと同じ

76 あなたが採れる範囲を しっかり探索する

　大学生の頃、きのこに詳しい社会人の先輩に連れられて、10人ほどのグループできのこ狩りに行ったことがある。ワイワイガヤガヤ、ピクニック気分で山に入ったものの、最初の1時間ほどはほとんど収穫らしい収穫がなかった。全く素人の私は、見つけたきのこを先輩に確認してもらうのだが、「これは食べられないきのこだな」といった悲しい返事ばかりである。

　「いったい、どういうところにきのこが生えているのか？」。仮にきのこを見つけたとして、「どれがおいしいきのこで、どれが毒きのこか？」。それすらも分からない。唯一の頼りが社会人の先輩1人という状況だ。「今日は無理かもな…」。そんな気持ちになる。

　それでも2時間ほど歩き回った頃だったろうか、ようやく後輩がおいしいきのこを見つけてきた。「へぇー、これ、食えるんだ…」。そう思いながら、周りを探してみると、出てくるわ。出てくるわ。「あったー！」「いっぱいあるぞ！」。あちらこちらで歓声が沸き起こる。

　今まであんなに難しかったのに、その周辺には同じ種類のきのこが群生しており、これをきっかけに何かコツをつかんだのか、次第にそれ以外のきのこも見つけられるようになった。籠いっぱいにきのこを持ち帰り、その晩は、みんなできのこ鍋をして一杯やったわけだが、忘れられない楽しい思い出となった。

　株式投資はきのこ狩りに似ている。

①「きのこを採りに行こう」と決意しない限り、きのこは手に入らない。

②おいしいきのこと毒きのこの違いを見分けられる、しっかりとした
　選択眼が必要である。
③時期や場所など、いくつかの条件がそろわないと、きのこは生えな
　い。
④仮にきのこがそこにあっても、探し方が悪いと、見つけられない。

　以上の4つを株式投資に置き換えると、
①株式投資を始める決意をしない限り、大儲けはできない。
②有望株を見つけられる、しっかりとした選択眼を養う必要がある。
③いくつかの条件がそろわないと、大化け株は生まれない。
④仮に大化け株が目の前にあっても、普段から意識を向けていない
　と、見過ごしてしまう。

　私は、これまで、毎年のように2倍、3倍となる大化け株を見つけ
てきた。ただその頻度は低い。通常時、「これは！」と思える本物の
割安成長株を見つけられるのは、せいぜい、年に1つか2つといった
ところだ。ボトムアップ・アプローチ（➡50）で丹念に調べても、
その程度である。
　ただし、これは私目線で調べるからであって、市場には他に大化け
株がないわけではない。無数の大化け株を気付きもせずに取り逃がし
ている。
　あなたも、山にあるすべてのきのこを採る必要はない。あなた目線
であなたが歩ける範囲で探索し、その晩、一杯やるに十分な数だけの
きのこを手に入れればよいのだ。5〜10銘柄を3〜5年保有し続ける
前提なら、それで十分である。
　一方、リーマンショックやコロナショックのような暴落局面は、お
いしいきのこのラッシュと言える。普段なら高くて手が出せなかった
有望株を驚きの価格で買える。少々忙しいが、数多くの有望株の中か

ら、トップダウン・アプローチ（➡50）で「次の変化」を捉えられるだろう成長企業に絞り込んで、思い切って買い向かう。総悲観の中、論理と経験と感性をフル動員させて、大勝負するのである。私は、こんなことの繰り返しで、幸い、何とか財産を増やすことができた。

77　偶然を重ねる努力をする

　株で成功した人を見て、「ただ偶然が重なっただけだ」と言う人がいる。全くもってその通りだ。私もその偶然が重なった1人である。しかし、そんな偶然を重ねる努力は十分にやってきたつもりだ。

　もし、株式口座を開いてもいなければ、この偶然は絶対にやってこなかった。もし、どういう株がよく上がり、どういう株がそうでもないのかということについて、何の知識も持っていなければ、目の前に有望株があったとしても、それが何なのか理解できなかっただろう。

　ただ、ぼーっと日々を暮らすのではなく、「もしかしたら、投資のチャンスが転がっているのではないか？」という前提で、身の回りの変化に対して、常にアンテナを立てていなければ、素晴らしい偶然がやってきたとしても、それが素晴らしい偶然かどうか気付かずに見過ごしていたはずだ。

　このような偶然の幸運、あるいは偶然の幸運を手に入れる力を「セレンディピティ」という。確かに私はわらしべ長者のようにセレンディピティに恵まれた。それは偶然には違いないが、必然のような部分もある。恐らくその境界はあいまいだ。

　以下に、株式投資でセレンディピティに恵まれるためのポイントを列挙してみた。本書でここまで述べてきたことと重なるが、最後のま

とめとして読んでほしい。

❶ とにかく株を始める

　まずはセレンディピティを受け入れる準備を始めることが重要である。つまり、口座を開き、成長株を探し始めるのである。スタートしない限り、幸運の女神は微笑まない。

　とにかく株を始める。これが、セレンディピティを起こす第一のポイントである。良い株に恵まれれば、あなたはお金持ちになれるだろう。悪い株に恵まれれば、あなたは投資ノウハウを蓄積できるだろう。もし、社会でビジネスを実践している会社員の方なら、仮に株式市場からはセレンディピティがもたらされなくても、会計や投資、ビジネスモデルに関する生きた知識が豊富となり、仕事の面でセレンディピティが発生するかもしれない。損をするかもしれないというマイナスにばかり目を向けるのではなく、株式投資をすることによって得られる様々なプラスの面を日本人はもっと意識すべきだ。

　幸運はある日突然やってくる。この本を読んで、「さぁ、割安成長株を探すぞ！」と張り切ってみても、初めから大化け株をつかむのは難しいだろう。私のきのこ狩りと同じだ。最初は練習くらいに思って、少額でよいので、経験を積むことが重要である。いくつかの小さな成功と小さな失敗を重ねながら、少しずつ、株式市場の不可解な動きに慣れてもらいたい。

　「短期的には人気投票であり、長期的には価値を評価する仕組み」とはどういうことか？　安く買って高く売れば儲かるのに、なぜ、人はその逆をやってしまうのか？　実際に株をやればすぐに実感がわくだろう。

　こうやって、少しずつセレンディピティを受け入れる体制を整えていくのである。そんな努力を続けていると、ふと気が付くと、眼前にセレンディピティが立っていたりする。

❷身近過ぎて気付かない変化に気付く力をつける

　図表79は米アップル（AAPL）の長期チャートである。あなたはいつiPhoneを買っただろう。その時、この製品は時代を変えると感じなかっただろうか？

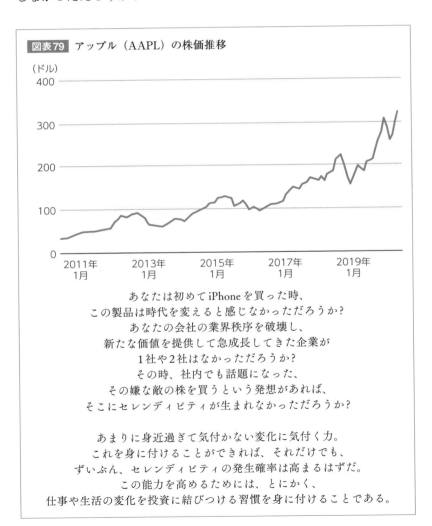

図表79 アップル（AAPL）の株価推移

（ドル）

　あなたは初めてiPhoneを買った時、
この製品は時代を変えると感じなかっただろうか？
あなたの会社の業界秩序を破壊し、
新たな価値を提供して急成長してきた企業が
1社や2社はなかっただろうか？
その時、社内でも話題になった、
その嫌な敵の株を買うという発想があれば、
そこにセレンディピティが生まれなかっただろうか？

　あまりに身近過ぎて気付かない変化に気付く力。
これを身に付けることができれば、それだけでも、
ずいぶん、セレンディピティの発生確率は高まるはずだ。
この能力を高めるためには、とにかく、
仕事や生活の変化を投資に結びつける習慣を身に付けることである。

あなたはビジネスパーソンとして、業界内の変化を見続けてきただろう。そんな中、この10年ほどの間に業界秩序を破壊し、新たな価値を提供して急成長してきた企業が1社や2社はなかっただろうか？その時、社内でも話題になった、その嫌な敵の株を買うという発想があれば、そこにセレンディピティが生まれなかっただろうか？

　2つ目のポイントはこれである。あまりに身近過ぎて気付かない変化に気付く力。これを身に付けることができれば、それだけでも、ずいぶん、セレンディピティの発生確率は高まるはずだ。この能力を高めるためには、とにかく、仕事や生活の変化を投資に結びつける習慣を身に付けることである。

　「あれ？　新商品が出てる。これって、もしかして売れるんじゃね？」「ねぇねぇ、知ってる？　このアプリ面白いよ」「最近出てきたA社のB社長が業界秩序を荒らして困る。何か対策を取らないと…」「こちらのサービスを使っていただきますと、これまでの半分のコストで2倍のメリットが手に入ります！」。この手の身の回りの何気ない情報こそが、VE投資法でいう特有情報（➡33）となるのである。

　恐らく、この努力もすぐには実を結ばないだろう。調べた頃には時既に遅しで、ずいぶん株価は上がっているかもしれない。あるいは、まだその企業は上場していないかもしれない。しかし、これを続けるのである。

　既にずいぶん上がっていたとしても、本物なら、まだまだ上がる。VE投資一覧表の「EPS↑↑株価↑」だ。もし、その企業は上場していなくても、似たような仕事をしている上場企業があるかもしれない。その周辺にチャンスがある。

　わずかな変化をちゃんと調べる努力が重要なのである。セレンディピティはそのような努力の最中に、全く思いもしなかった別な角度から微笑みかけてくる。「あれ？　もしかして、この会社のことか？」。こんな感じである。

❸変なクセを捨てる

3つ目のポイントは変なクセを捨てることである。恐らく、あなたは、この本以外にも様々な株の本を読んだり、ネットで投資のコツのようなものを勉強したりしてきたことだろう。ところが、ここに大きな落とし穴がある。実は投資法によって見るべきポイントや戦略が大きく異なるために、それらを融合してしまうと大混乱のもとになってしまうのだ。

例えば、短期トレードのノウハウは長期投資においては何ら役に立たないどころか、害悪をもたらす。短期トレードでは、10％下がったら理由は何であれ損切りすべきである、といったストップロスルールを叩き込まれる。

しかし、アップルのチャート（図表79）を見ても分かるように、高値から10％下がるたびに売却していたら、いったい何度この株を手放すことになっただろう。「いや、10％下がったら売って、底値で買い戻せばいいじゃん」と反論する短期トレーダーも多いだろうが、その10％下がった時こそが底値だったりする。良い株に限って、何度も何度も損切りさせられ、お宝株を売らせるような不思議な動きをするものなのだ。

損切りだけではない。出来高に対する評価も真逆だ。我々、長期投資家は出来高が少ない不人気株を好む。人気がないから安く買えるのである。ところが、短期トレーダーはそのような株には見向きもしない。出来高が一定程度存在しないと勝負の前提が整わないからだ。

それ以外にも、必要とする能力も見るべきポイントも、驚くほどあべこべなのである。あべこべなのにそのクセが残っているために、長期投資がうまくいかない。あるいは逆に長期投資のクセが短期トレードでは失敗の原因となる。そういうものだということを頭に叩き込んでもらいたい。

同様にインデックス投資と個別株投資も同一視してはいけない。同

じ長期投資だから同じ戦法が通用するというわけではないのだ。

　資金力や立場（専業か、兼業か、プロか）によって、銘柄数や投資期間などで、少々の応用は許される。しかし、基本戦略が全く異なる他の投資法は使ってはいけないと思ってほしい。あまりに複雑に考え過ぎるとセレンディピティからは遠ざかる。

❹自分の頭で考える

　4つ目のポイントは、自分の頭で考えることである。これは、多くのバリュー投資家が教えてくれる重要なポイントと言える。

　もちろん、これだけ幅広く情報共有が進んだ時代に、他人の考えを全く参考にするなという話ではない。SNSや投資サイト、株雑誌などの情報から、思わぬ有効情報を手に入れられる可能性も十分にある。

　ただし、それは情報ソースの1つであって、そのような情報にまるまるあなたの資金を委ねるような行為は避けなければならない。ウラを取り、あなたなりの投資ストーリーを構築し、他の株とも比べて、それでも買いと判断できるなら、買えばよい。SNSの噂を見て、一呼吸も置くことなく、一連の動作でスマホから買いを入れるような俊敏性は必要ない。多くの個人投資家はこれで失敗する。

　ひょっとしたら一度や二度はその方法でうまく勝てるかもしれないが、いつか痛い目にあうことになるだろう。セレンディピティと同時に、それ以上に大きな不運を呼び込む努力といえるだろう。幸運だけを拾い、不運を遠ざけるためには、結局のところ、自分自身を磨くしか方法はないのである。

❺余裕資金で投資する

　5つ目のポイントは、余裕資金で投資することである。

　不運を呼び込む努力といえば、心配なのは資金の出どころだ。1年後に必要な子供の学資で株をやるような行為もセレンディピティから

嫌われる。どれほど素晴らしい銘柄を見つけたとしても、相場環境によっては、1年以上下落し続けることは十分に起こり得る。そういう変なことが起こるからVE投資が成り立つのである。その大前提に沿って資金を投入しなければならない。

　同様に信用取引（株を担保に証券会社から資金を借りて投資すること）も、基本的には避けるべきである。3〜5年も借金を続けると金利もバカにならないし、最悪の展開だと株価が半値になるということも常に想定しておかなければならない。どれだけ有望株であったとしてもだ。もし、信用取引で元本の2倍の投資をしていたら、新型コロナウイルスで暴落した3月に、あなたはゲームオーバーとなっていただろう。

　余裕資金で株を買う。これが大前提といえる。考えられる最悪の展開となったとしても、長期的な生活水準に支障のない範囲で投資をしなければいけない。

❻視野を広く持つ

　6つ目のポイントは視野を広く持つことである。

　損を取り返そうと焦っている人のところにセレンディピティは訪れない。セレンディピティの対義語にゼンブラニティというのがある。決まりきったことしか見つけられない能力のことだ。焦ってくると、視野が狭くなり、前回失敗したのと同じ方法で、再び失敗を繰り返す。株でそれをやったら、あっという間に財産をなくす。30％の損を3回繰り返したら、財産は3分の1に減少する。

　一度成功してしまうと、それと同じパターンで大儲けを目論む個人投資家は多いが、それはゼンブラニティを招く。そんなチャンスはそうそう訪れるものでもないし、一見、同じように見えても、株の場合は、何もかも同じなどということはあり得ない。そのわずかな違いが原因で、株価は全く逆の動きをすることだってある。

セレンディピティを発生させるためには、成功パターン自体を増やす努力が必要だ。私の経験で恐縮だが、私はハイテクやIT関連株が苦手だった。文系の悲しい性である。少々勉強しても何が何だか分からないのである。それで専ら小売店や外食、顧客サービスといった理解しやすい企業にばかり投資していた。

　しかし、このご時世にネットやAIといったIT関連株から逃げていたら、さすがに大きなチャンスを逃してしまうと思い、腹を決めて、少しずつIT関連株を買いながら、それらの企業の特徴を理解することにした。初めは要領を得なかったが、次第に、コムチュア（3倍高）、ソニー（2倍高）、JBCCホールディングス（2.5倍高）などと、このジャンルでも勝ちを積み上げることができるようになった。今のように変化が激しい時代には、これまで以上に視野を意識的に広げる努力が重要と言える。結果論だが、小売店や外食から離れることができていたので、新型コロナウイルスのダメージは小さくて済んだ。

❼人の道を守る

　最後に、人の道を守ることである。

　東日本大震災の時、私の知人は日本の未来を悲観し、円が売られると予想。円売りドル買いを大きなレバレッジをかけて積み上げた。ところが、予想に反して、一晩のうちに驚くほど円高が進み、朝、目が覚めてパソコン画面を確認すると、長年コツコツと投資で稼いできた財産がすべて失われていたのである。

　当時、私も株が下がってずいぶん含み損が出ていた。しかし、株を売るようなことはしなかった。もちろん、空売りもしなかった。津波で家や家族が流され、明日をも分からない状況で苦しんでいる人がたくさんいる時に、そのどさくさを利用して株で儲けようとは思わなかった。

　私たちは、株式投資家である前に人である。儲けることばかりに必

死になって、人の道を忘れるようでは、ツキに見放されてしまう。

　新型コロナウイルスが蔓延する中、ここぞとばかりに空売りをしたものの、思わぬ反騰相場にあい、大損をした投資家も多いと聞く。人としてどうだろう？　世界中がコロナと戦っている時に、コロナ側の陣営に立ち、世界の不幸をカネに変えようとして、しかも大損をする。こんな格好の悪い話があるだろうか？

　感謝する気持ちが重要だと思う。多くの人は、株で儲けたら、それはすべて自分の実力だと考えがちだ。しかし、少なくとも長期投資の場合は、経営者や従業員のたゆまぬ努力で儲けさせてもらっている。クレームで頭を下げ、大変な思いで現場を動かし、少しでもお客さんに喜んでもらおうと小さな努力を積み上げた結果が、株価の上昇という形になって株主にもたらされるのだ。誰かが大変な苦労をして、あなたを助けてくれたなら、心から感謝するのは、ごくごく当たり前の行為だ。子供でも理解できる人の道と言える。

　長期投資においては、プラス思考が重要だ。マイナス思考では3年も5年も同じ株を保有し続けるのは難しい。何か大きな事件があるたびに、不安と恐怖にさいなまれ、そのたびに売らされ、あとで振り返ると、「あの株をずっと持ち続けたら、今頃、大金持ちだった…」ということになる。応援とか、感謝とかといった、人間として良い感情が、プラス思考を後押しする。

　株式市場は、あなたに評価者としての目を求める。株主は企業に対して通信簿をつけるような役割を持っているのだ。人々が正しく評価することで、市場は効率的になる。VE投資はそのような正しい評価を身に付けるためのツールと言える。しかし、その見返りはすべて投資先企業の努力からもたらされる。株式投資で成功するためには、あなたにも努力が求められるが、それ以上に企業の努力によってもたらされているという事実を決して忘れるべきではない。

　先日、ある有名小学校の教師と雑談をする機会があったのだが、彼

がこう言っていたのを聞いて、株主も似たようなものだと思った。

　「私は、いつも、子供たちに元気になってもらおうと頑張ってきました。けど、新型コロナウイルスの蔓延で子供たちが学校に来なくなって、つくづく分かることがあります。実は私たち教師のほうこそ、子供たちから元気をもらっていたんだなって…」

おわりに

「はじめに」でも述べたが、私はピーター・リンチの本と出会って、今の投資スタイルを確立することができた。ただし、投資戦略の骨格は出来上がったものの、実践に移すのは簡単なことではなかった。頭では理解できていても、感情が付いてこないのである。会社の仕事で懸命に頑張っても月給は数十万円単位だ。一方、株式投資で運用する金額が大きくなると、その程度の金額は1日（場合によっては数分）で増減してしまう。長期投資をする覚悟で成長株を買っても3日ほどで30万円も含み益が生じると、「今、売らなくては！」と心がぐらついてしまう。つまり、「損をしたくない」という人間ならではの弱みが邪魔をする。

この弱みを乗り越えるのに、実はブログの執筆が大いに役立った。読者の方々に「自分は成長株投資家である。短期的な株価変動には興味がない」と宣言しながら毎日記事を書いていたため、私の心の声が「売れ」と叫んでも、「今売ってしまってはブログの読者の方々に対して示しがつかない」という理性が働いて、何とか踏みとどまることができたのである。

そのうち、ブログの読者の方々向けにメッセージを書いているのか、自分自身がブレないために記事を書いているのか分からなくなる始末だったが、とにかく、リンチやバフェット、テンプルトンといった偉大な投資家のカッコいい言葉を引用しながら自分の考えを言語化しておくことで、「すぐに利確したくなる」という感情的な弱みをいつの間にか克服できたのである。

ブログ上の自分はリアルの自分よりはるかに素晴らしい人格を持つようになっていた。本物の自分もブログの中の自分のようになりたいものである。

奥山月仁 (おくやま・つきと、ハンドルネーム)

会社員投資家。高校2年から株式投資を始め、投資歴は30余年。大阪大学経済学部に入学し、故・蝋山昌一教授のゼミで証券理論を学ぶ。卒業後、大手企業の社員として堅実なサラリーマン生活を営むかたわら、ピーター・リンチに倣い、成長株に中長期で投資し、数億円の資産を築く。2008年5月からは、株式投資の正しい知識を広める目的で、ブログ「エナフンさんの梨の木」の執筆を続ける。同ブログを立ち上げるとともに、自らの投資内容をブログで公開するための口座を資金100万円で新たに開設し、バイ＆ホールドでの運用を開始。14年後の2022年12月末現在、その口座の運用金額は2379万円を突破した（23倍に！）。著書に『"普通の人"だから勝てる エナフン流株式投資術』『"普通の人"でも株で1億円！ エナフン流VE投資法』『割安成長株で勝つ エナフン流バイ＆ホールド』（日経BP）などがある。

本書は、奥山月仁著の以下3冊を再編集したものです。
『"普通の人"だから勝てる エナフン流株式投資術』（2018年10月）
『"普通の人"でも株で1億円！ エナフン流VE投資法』（2020年9月）
『割安成長株で勝つ エナフン流バイ＆ホールド』（2021年11月）

個人投資家入門 by エナフン
株で勝つためのルール 77

2023年11月20日　第1版第1刷発行

著　者	奥山月仁
発行者	中川ヒロミ
発　行	株式会社日経BP
発　売	株式会社日経BPマーケティング
	〒105-8308 東京都港区虎ノ門4-3-12
	https://bookplus.nikkei.com
装　丁	山之口正和（OKIKATA）
イラスト	小林弥生
制　作	朝日メディアインターナショナル株式会社
編　集	長崎隆司
印刷・製本	中央精版印刷株式会社

© 2023 Tsukito Okuyama
Printed in Japan
ISBN 978-4-296-00171-2

本書籍に関するお問い合わせ、ご連絡は下記にて承ります。
https://nkbp.jp/booksQA